RAPPORT

SUR

L'EXPOSITION DES PRODUITS DE PÊCHE

DE LA HAYE EN 1867

PAR

J. Léon SOUBEIRAN

Secrétaire délégué de la Société impériale d'acclimatation
Professeur agrégé à l'École de pharmacie de Paris

EXTRAIT DU BULLETIN DE LA SOCIÉTÉ IMPÉRIALE D'ACCLIMATATION
(Numéros d'août, de septembre et d'octobre 1869)

PARIS

IMPRIMERIE DE E. MARTINET
RUE MIGNON, 2

1869

RAPPORT

SUR L'EXPOSITION DES PRODUITS DE PÊCHE

DE LA HAYE EN 1867.

En 1861, la Hollande avait institué la première une exposition internationale d'appareils de pêche, qui eut lieu avec un grand succès à Amsterdam, par les soins du collége des pêches, qui y avait convié les principales nations maritimes du continent. L'initiative de semblables expositions revenait de droit à la Hollande, qui a su tirer de la pêche des produits importants, et qui a acquis par l'application de cette industrie le premier rang des nations maritimes; bientôt son exemple fut suivi par la Norwége, qui convia les pêcheurs de tous les pays à présenter leurs appareils et leurs produits à Bergen; puis par la France, qui a donné à l'industrie des eaux des concours analogues à ceux qui existaient déjà, depuis de nombreuses années, pour les cultures de la terre. Une seconde exposition plus restreinte, puisqu'elle ne s'adressait guère qu'à la Hollande et ne présentait que quelques produits étrangers, a eu lieu depuis en 1867 à la Haye par les soins de la *Nederlandsche Maatschappij ter Bevordering van Nijverheid te Haarlem (Société néerlandaise pour l'industrie à Harlem).*

Une commission composée de MM. Rietstap, Van Iterson, Hoogendijk, Maas et Swann, fut chargée de l'organisation de cette exposition, qui avait réuni 114 exposants et 1147 objets, au moment de l'ouverture, le 1er juillet. Installée dans un monument consacré à l'Académie de dessin, l'exposition était organisée avec un soin qui témoignait du goût parfait des personnes qui s'étaient chargées de son arrangement, et flattait le regard par des trophées de filets et d'engins de pêche habilement disposés. Si la partie artistique et décorative était parfaitement composée, la disposition des divers objets présentés était faite dans les conditions les plus favorables à l'étude, et la bienveillante courtoisie des commissaires nous a permis de prendre les notes les plus complètes sur tout ce qui fixait notre attention. Aussi sommes-nous heureux de leur adresser ici nos remercîments les plus sincères.

PISCICULTURE.

La Hollande, dont les eaux fournissent aujourd'hui la majeure partie du Saumon consommé à Paris et qui possède des pêcheries d'une richesse immense, n'en a pas moins demandé aux pratiques de la pisciculture les moyens de maintenir l'abondance dans celles de ses eaux où les meilleures espèces existent déjà, et d'introduire ces espèces dans quelques-uns de ses fleuves, où elles manquent.

Sous l'impulsion donnée par la France, à la suite de la découverte des moyens de pratiquer la fécondation artificielle, des expériences ont été instituées en Hollande, qui ont reçu les plus vifs encouragements de S. M. le roi Guillaume III, qui, lui-même, s'est occupé spécialement de cette question. C'est surtout à M. J. de Bont, d'Amsterdam, que sont dues les études de pisciculture faites en Hollande, et la Société d'histoire naturelle d'Amsterdam, si célèbre sous le nom *Natura Artis magistra*, ayant accordé son assistance à M. de Bont, celui-ci sollicita du gouvernement français de participer aux distributions faites, chaque année, par l'établissement d'Huningue, et put ainsi faire des études sur les diverses espèces de Salmonidés. Les produits obtenus par M. de Bont ont été distribués dans divers cours d'eau et ont déjà donné des produits intéressants. Disons de suite que les œufs de *féra* mis en incubation dans les appareils ou placés directement dans l'Yssel supérieur (dans des paniers) n'ont donné aucun résultat appréciable et n'ont pas été continués. On conserve dans les bacs de l'établissement de pisciculture de la Société

Natura Artis magistra, des poissons qui ont subi leur évolution et qui atteignent aujourd'hui des dimensions respectables : mais on a observé à plusieurs reprises une maladie qui a sévi sur les animaux et en a tué un certain nombre.

Les premiers Saumons obtenus par M. de Bont avaient été présentés par lui en 1859 à une exposition qui avait lieu à Amsterdam et fixèrent l'attention de S. M. le roi Guillaume, qui chargea son grand veneur de s'entendre avec M. de Bont, pour organiser à son château de Loo, près d'Apeldoorn, un établissement de pisciculture. Malheureusement, les premiers essais ne réussirent pas, les jeunes Truites ayant été placées dans les ruisseaux qui sortent des étangs et par suite sujets à de trop grandes variations de température : comme on s'en assura, là était la cause des mécomptes observés, et quand on eut disposé les appareils à incubation dans les ruisseaux formés par les sources qui alimentent les étangs et dont la température ne varie que très-peu aux diverses saisons, les éducations réussirent et le développement des Truites s'effectua d'une manière régulière, surtout pour les Truites saumonées et les Truites de mer, comme nous avons pu nous en assurer par nous-même lors de notre visite au château de Loo, en 1867. Nous y avons vu des Truites saumonées et des Truites grandes des lacs provenant d'œufs envoyés d'Huningue et en partie d'œufs éclos à Amsterdam, et qui avaient atteint leur troisième année. Ces poissons, placés dans un bassin alimenté par une source qui forme une petite cascade à une extrémité, trouvent à se réfugier dans une sorte de rocher creux qui occupe le milieu du bassin, et n'en sortent que lorsqu'on abaisse le niveau de l'eau (1). Dans les ruisseaux qui font suite à ce premier bassin, se trouvent une grande quantité d'ale-

---

(1) Le refuge imaginé par le chasseur de Loo est identique, quant aux principes de sa construction, avec un appareil que nous avons vu fonctionner depuis plusieurs années, à Clairefontaine, près Rambouillet, chez M. Sauvadon. Il consiste en un monticule de pierres laissant entre elles des espaces suffisants pour que les poissons puissent s'y réfugier, mais trop étroits pour permettre à un certain nombre d'ennemis d'aller les y surprendre. Au-dessus de ces canaux sont des espaces libres et remplis d'air qui servent d'obstacle

vins, d'Ombres chevaliers, de Truites saumonées, de grandes Truites des lacs et de Saumons, que le chasseur nourrit avec de la cervelle de veau. On a pu déjà pratiquer la fécondation artificielle au château de Loo et obtenir des produits des poissons qui y avaient été introduits il y a déjà plusieurs années : mais il est arrivé à plusieurs reprises que les œufs ainsi fécondés n'ont pas donné de résultats bien satisfaisants, la fécondation artificielle ayant été opérée sur des poissons encore trop jeunes, c'est-à-dire n'étant âgés que de deux ans.

Un certain nombre de produits obtenus par M. de Bont ont été déposés dans les eaux de l'établissement des Invalides de Bronbeek, mais les soins ont manqué et le succès a été nul.

Les essais faits à Hemelschen n'ont pas donné des résultats satisfaisants, par suite d'une crue qui a permis aux poissons de s'échapper de leurs réservoirs.

La Société de l'Over Yssel, pour le développement et la prospérité de la province, a mis à plusieurs reprises en liberté dans un des bras de l'Yssel, à Keterveen, près Zwolle, un certain nombre d'alevins provenant des appareils d'Amsterdam, et déjà, dans l'hiver 1861-62, des pêcheurs d'Éperlan ont recueilli dans leurs filets plusieurs jeunes Saumons qui faisaient ainsi leur première apparition dans des eaux qui n'en contenaient pas auparavant. Grâce aux instructions répandues par la Société de l'Over Yssel pour faire connaître les résultats que l'on pouvait attendre de l'introduction des Saumons, ces pêcheurs, convaincus de l'importance qu'il y avait à ne pas nuire au succès de l'entreprise qui leur paraissait devoir donner dans l'avenir les plus heureux résultats pour leur profession, surtout si l'expérience se répétait sur plusieurs milliers d'individus, rendent ces Saumons en liberté. En février et mars 1863, on prenait dans l'Yssel des Saumons longs de $0^m,20$, et pesant presque une demi-livre. En décembre 1863, on a pris un Saumon long de $0^m,30$ à $0^m,35$, et de nombreux témoignages

à la propagation de la chaleur et du froid et qui fournissent ainsi aux poissons une retraite des plus commodes dans les diverses saisons, en leur permettant, l'hiver, d'y trouver un abri contre le froid, et l'été, une protection contre l'élévation de la température.

sont venus affirmer que le Saumon était devenu un habitant de l'Yssel. Depuis, en 1864, on a pêché deux de ces poissons qui pesaient 5 livres et demie et 6 livres et demie. En même temps, on a capturé un certain nombre de poissons longs seulement de $0^m,14$, qui n'avaient pas encore été à la mer comme les premiers. Le nombre des poissons pris ainsi a été en augmentant chaque année, et le volume de ces animaux a toujours été en s'accroissant proportionnellement, et en 1865, la pêche a été plus considérable que jamais.

Ce n'est pas seulement dans quelques pièces d'eau et dans des fleuves, qui avaient été jusqu'ici dépourvus de Saumons, que des expériences de pisciculture ont été faites ; mais dans la Meuse, à Kralingen, où existent des pêcheries considérables, M. de Bont, avec l'assistance de M. Kersbergen, a déposé une assez grande quantité d'alevins dans le but d'assurer la richesse de ces eaux. Au printemps de 1864, désirant faire des essais de fécondation artificielle, M. de Bont se mit en relation avec le directeur de la pêcherie de Merode, près Kralingen; mais il apprit que le *Salmo Salar* ne se trouve jamais dans cette partie de la Meuse avec des œufs mûrs, bien qu'on l'y pêche par milliers, mais qu'on y prend quelquefois un autre Salmonidé plus allongé et de couleur plus foncée qui, à l'arrière saison, a des œufs bien développés. Les mâles apparaissent généralement quelques jours plus tard que les femelles. Cela faisait une difficulté pour le but que se proposait M. de Bont, mais il eut l'idée de recourir au procédé mis en usage par les pêcheurs de Bâle, qui séquestrent le poisson au milieu de la rivière, en lui passant une corde dans l'ouïe, ce qui permet d'attendre que les œufs soient arrivés à maturité. Une première expérience ne donna pas de grands résultats, car ni le mâle ni la femelle n'étaient en bon état, et ne purent donner de produits malgré les pressions exercées sur leur abdomen : on les remit donc dans le *Maas* ; mais, quand on voulut, quelque temps après, recommencer l'expérience, le mâle était mort (depuis vingt-quatre heures), et la fécondation, faite avec sa laitance, ne donna que très-peu de produits, bien que les œufs aient d'abord présenté une apparence qui faisait présumer la réussite. Des femelles de Saumons, apportées vivantes d'une autre pêcherie, donnèrent facilement par de douces pressions une certaine quantité d'œufs qui furent fécondés avec la laitance d'un mâle pris presque en même temps : l'opération fut faite avec succès, car on obtint, alevins 83 pour 100 des œufs mis en incubation. Une femelle, dont on avait violemment fait sortir les œufs, n'eut pas un seul œuf fécondé par la laitance du mâle précité. Les jeunes obtenus par ces expériences furent réexpédiés plus tard à Kralingen pour y être mis en liberté et servir au repeuplement; depuis, on a organisé à Mérode des appareils d'incubation pour ne pas laisser perdre les œufs de Saumons que l'on pêche en état prospère.

M. de Bont emploie pour ses expériences de pisciculture des cuves en zinc, dont l'eau se déverse des unes dans les autres et dans lesquelles le déversoir est garni d'une toile métallique qui empêche les alevins de pouvoir s'échapper. Les cages à incubation sont portées sur des pieds qui les maintiennent à une certaine hauteur au-dessus du fond, et dont les parois percées de trous permettent un facile accès à l'eau qui vient baigner les œufs, lesquels reposent sur des baguettes de verre. M. de Bont trouve à cette disposition l'avantage que les corpuscules ne restent pas fixés sur les œufs.

Pour le transport des alevins, le même pisciculteur emploie un seau métallique placé dans un panier rempli de zostère et qui offre une large ouverture médiane que ferme un opercule cylindrique, tandis que sur les côtés deux tuyaux, restés ouverts, permettent un facile accès de l'air dans l'appareil, tout en étant trop étroits de calibre pour laisser l'eau jaillir par suite des mouvements imprimés pendant le transport.

M. de Bont donne à ses Truites des mollusques et des insectes d'eau douce, et quand il n'en a pas suffisamment à sa disposition, il leur fournit, comme on le faisait au Jardin botanique de Bruxelles, des moules cuites et hachées plus ou moins fin, des petits poissons, du foie de bœuf cuit, ou une pâte de farine d'orge et de sang; mais ce qui lui réussit surtout, c'est la cervelle de veau qu'il passe à travers un linge pour la débarrasser des membranes, et qui lui a permis de mettre fin à la mortalité qui lui enlevait presque tous les élèves de ses bacs (1).

Nous avons encore trouvé à l'exposition de La Haye la série des engins employés par l'établissement d'Huningue, mais ils sont trop connus pour que nous ayons à les décrire ici.

La Belgique, qui offre des eaux de nature et de situation très-variées, ce qui est en rapport avec la diversité des couches minérales de son sol, nourrit par cela même des espèces de poissons d'eau douce aussi nombreuses que variées. Dans les parties montagneuses et rocheuses de l'Ardennes, de Condron, et de l'Entre-Sambre-et-Meuse, des ruisseaux rapides, de petites rivières à l'aspect subalpin, nourrissent la Truite (2) et quelquefois l'Ombre chevalier ; plus bas, quand ces cours d'eau se sont réunis en grandes rivières, la Semoi, l'Ambleve, la Vesdre, etc., leurs eaux peuvent nourrir le Saumon, qui y remontait autrefois en abondance. La Meuse, avant l'époque actuelle, nourrissait le Saumon, l'Alose qui y remontait en avril, et offrait quelquefois au pêcheur l'Esturgeon et la grande Lamproie de mer. Dans le bassin de l'Escaut, aux espèces moins variées, en raison des terrains bas limoneux où les eaux prennent naissance et des alluvions qu'elles traversent, on ne trouve plus ni Saumon, ni Truite, ni Ombre chevalier. Ce n'est que dans l'Escaut, aux eaux troubles et saumâtres, que l'on trouve avec des Anguilles très-abondantes, le Corégone oxyrhynque, l'Éperlan, l'Esturgeon, l'Alose en avril, et plus tard l'Alose finte (3). Mais dans toutes ces eaux, par suite de diverses causes qui ont exercé une fâcheuse influence, le poisson n'est plus aussi abondant que par le passé, et l'esprit public s'est préoccupé des moyens de remédier à cette diminution du produit. Dans ce but, on a proposé une pro-

(1) M. J. de Bont, *Een Woord over Kunstmatige Visschfokkerij*, 1863.
— Le même, *Nog een Woord over Kunstmatige Visschfokkerij*, 1867.

(2) En Belgique, on a reconnu que la Perche (*Perca fluviatilis*), le Rotengle (*Leuciscus Erythrophthalmus*) et la Rosse (*Leuciscus rutilus*) semblent s'exclure avec la Truite.

(3) Ed. de Selys-Lonchamps, *Sur la pêche fluviatile en Belgique* ; in-8, 1867.

tection plus efficace du poisson, surtout à l'époque du
frai, des soins mieux entendus lors du curage des canaux,
l'établissement de passages ou d'échelles pour le poisson (1),
des mesures restrictives contre les industries qui vicient les
eaux avec leurs résidus (2), la diminution du chaulage dans
l'agriculture (3); toutes ces questions sont délicates, puisqu'elles touchent à l'organisation d'industries importantes,
mais le danger de voir disparaître le poisson des rivières est
imminent.

Il y a déjà fort longtemps que les premiers essais pratiques de pisciculture, en Belgique, ont été faits, par l'initiative
de S. M. le roi Léopold Ier, à sa terre d'Ardennes, près de
Dinant, province de Namur (4). Cette multiplication artifi-

(1) Tout le monde reconnaît que les barrages de la Meuse ruinent la
pêche au Saumon dans ce fleuve, et qu'il est urgent d'établir, à chaque barrage, un passage à poisson dans les meilleures conditions. M. de Selys-
Lonchamps rapporte le fait suivant qui porte son instruction : «Un témoin
» digne de foi a vu, au barrage de Chokier, en amont de Liége, prendre, en
» un seul jour d'automne, près de trente Saumons, qui s'efforçaient vaine-
» ment de franchir le barrage pour remonter la Meuse, afin d'aller vaquer
» à la reproduction. Un gros Saumon s'élança plusieurs fois à 3 mètres de
» hauteur sans parvenir à passer» (*loco citato*, p. 30). Une pêcherie, établie
à l'embouchure de la Semoi, dans la Meuse, ne fournit plus un Saumon depuis la construction des barrages.

(2) Ce n'est pas seulement les Poissons qui souffrent de cet état de choses :
l'eau, chargée de principes toxiques, est rendue impropre aux usages domestiques, et ne peut plus servir pour abreuver les bestiaux ; elle n'est plus
potable pour l'homme et exhale, d'ailleurs, des miasmes délétères, source de
maladies graves. Du reste, le commerce d'agriculture de la province de Liége
constate, dans son Rapport général de 1865, que les fabriques de sucre ont
subi des plaintes unanimes des riverains du chef de l'altération des eaux
provoquée par les liquides et les matières qu'elles y déversent (de Selys-Lonchamps).

(3) Dans l'Ardennes et le Condron, où l'on emploie généralement la chaux
pour amender les terrains maigres, la Meuse a beaucoup souffert, et, dans
quelques ruisseaux, l'Ombre chevalier a entièrement disparu (de Selys-Lonchamps).

(4) Dès 1839, M. Kinkin, régisseur de S. M. Léopold Ier, adressait, d'a-
près les ordres de S. M., à M. le maréchal Soult, une notice avec plans,
destinée à faciliter la création, à Saint-Amand, d'un établissement de pisciculture sur le modèle de celui d'Ardenne.

cielle des Truites avait parfaitement réussi sous la direction de feu M. Ern. Sembuck, directeur des chasses du roi, d'après les leçons qui lui avaient été données dans son enfance par son père, forestier du duc de Cobourg. On plaçait les œufs sur le cours d'un ruisseau, à fond caillouteux, dans une frayère artificielle, entourée de grillage ; les Truites étaient ensuite lâchées dans les petits cours d'eau du domaine royal, où on les voyait en grand nombre (1).

En 1852, le Conseil supérieur d'agriculture fut saisi, par Charles Morren, d'une proposition concernant l'intérêt que le gouvernement aurait à s'occuper de la pisciculture et à prendre des mesures pour protéger l'incubation artificielle des poissons dans les rivières et canaux de l'État.

En 1853, M. Ernest Vandenpeereboom, frappé des résultats que l'on pourrait tirer de la pisciculture pour repeupler les eaux de la Belgique, appelait l'attention du gouvernement belge sur cette question qui devait permettre, concurremment avec une bonne loi sur la pêche, à combattre l'appauvrissement des eaux. A la suite de cette proposition, M. de Clercq, inspecteur de l'agriculture, fut chargé d'une mission en France, et en 1854, il fit connaître les résultats de sa visite aux principaux établissements de pisciculture de l'étranger et les meilleurs moyens pour doter la Belgique de semblables institutions (2).

En 1855, M. Coste fit une leçon sur la pisciculture devant la Société littéraire de Gand, et à la suite de cette leçon, M. Tytgadt, directeur du Jardin zoologique de cette ville, installa dans cet établissement un appareil d'incubation, où

(1) M. Sembuck père avait, lui-même, appris la manière de multiplier artificiellement les poissons de pêcheurs saxons qui la pratiquaient depuis fort longtemps. (*Note de M. Kinkin, régisseur général des propriétés de S. M. le roi des Belges, communiquée par M. de Selys-Longchamps.*)

(2) De Clercq, *Rapports sur la pisciculture, adressés à M. le ministre des travaux publics* (*Annales des travaux publics de Belgique*, t. XIII, p. 253, 1854). *Notice sur l'établissement ichthyogénique de la Société royale d'horticulture de Bruxelles* (*Annales des travaux publics de Belgique*, t. XVI, p. 858).

furent placés des œufs provenant d'Huningue. Ceux-ci donnèrent naissance à deux cent quarante-six jeunes Truites
sans qu'on eût à déplorer aucune perte. Ce ne fut qu'après la
résorption de la vésicule ombilicale que quelques alevins pé-
rirent par suite de l'influence fâcheuse de flocons résultant de
la poussière, de la présence de détritus organiques et de
quelques végétaux microscopiques. Un double fond en cane-
vas, placé à 2 centimètres environ du fond, permettant aux
matières étrangères de la traverser en vertu de leur pesan-
teur, a complétement arrêté la mortalité et donné les meilleurs
résultats (1).

En 1862, il fut organisé au Jardin botanique de Bruxelles,
sous la direction de M. A. Schram (2), des expériences de
pisciculture artificielle dans des bassins alimentés par la dis-
tribution des eaux de la ville qui déversaient leur trop-plein
dans une série de ruisseaux à cascades, mesurant ensemble
200 mètres et aboutissant à un vaste étang. Les œufs fécondés, dus à la générosité du gouvernement français, furent
fournis par l'établissement d'Huningue et, après leur incubation et la résorption de la vésicule, placés dans les ruisseaux,
où on leur donna de la nourriture. Après une année de séjour
dans les ruisseaux, les poissons étaient transportés dans les
bassins supérieurs et dans l'étang pour qu'ils puissent trouver
un espace plus considérable et une nourriture plus abondante.
Malgré quelques accidents (3) qui sont venus troubler les expériences, on a pu obtenir des Truites qui pesaient jusqu'à
huit livres et des Saumons de 25 à 40 centimètres. Tous ces
poissons, bien que n'ayant pas quitté les eaux du Jardin, ont
donné des œufs et de la laitance avec lesquels on a pu faire
heureusement des fécondations artificielles. Une partie de ces

(1) M. L. Tydgadt, *Rapport sur des essais de pisciculture*. (*Journal d'a-
griculture pratique de Belgique*. 1856, t. VIII, p. 259.)

(2) A. Schram, *Essais de pisciculture tentés au Jardin botanique de
Bruxelles* (*Bulletin de la Société impériale d'Acclimatation*, 2ᵉ série, t. I,
p. 374, 1864.)

(3) Manque d'eau pendant quelque temps, mélange accidentel de matières
calcaires aux eaux, etc.

alevins a été distribuée par la Société de pisciculture dans diverses localités, mais malheureusement depuis le départ de M. Schram du Jardin botanique de Bruxelles, cette Société n'a plus continué à fonctionner aussi bien que par le passé et a presque entièrement cessé ses expériences.

En 1865-66, le Conseil provincial de Brabant, qui s'est préoccupé de l'assainissement des rivières, au point de vue de la salubrité publique et du repeuplement du poisson, a nommé une commission qui, par l'organe de M. de Gronckel, a insisté sur l'importance de la question et démontré que le curage des eaux pourrait donner facilement « aux pisciculteurs un vaste champ tout prêt à être ensemencé et qui ne tarderait pas à produire une récolte abondante, alors même que la main de l'homme ne contribuerait pas autrement à les faire fructifier (1) ». M. de Gronckel fit remarquer en outre que le curage devait être opéré à des époques déterminées : car, ainsi que l'avait déjà dit, en 1855, M. Veydt, curer hors de saison c'est renouveler périodiquement le massacre des innocents ; hors de saison, voulait dire en temps de frai. D'autre part, M. Heyvaat fit connaître les principales espèces de poissons qui pourraient être acclimatés dans les rivières belges, et donna un tableau de moyens propres à multiplier, développer et protéger les poissons. M. Harmon insistait sur la nécessité de conserver dans tout cours d'eau, sous peine de dépeuplement, tout à la fois, herbes, herbivores et carnivores. Par suite, le conseil prit des mesures pour rendre aux eaux leur propriété et permettre le développement du poisson, mais trop peu de temps s'est encore écoulé pour que ces mesures puissent avoir donné des résultats bien sensibles.

M. Edm. de Selys-Longchamps, sénateur de Belgique, ayant reçu d'Huningue des œufs fécondés, institua à Longchamps-sur-Geer, commune de Warremme, des expériences de pisciculture. Les œufs furent placés dans des auges de M. Coste, au débouché d'une source pure et abrités dans une mai-

---

(1) *Rapport du Conseil provincial du Brabant sur le curage et le repeuplement des cours d'eau*, 1868.

Sonnette. L'éclosion s'en fit bien et les jeunes alevins de Saumons et de Truites, lâchés dans des bassins, après avoir résorbé leur vésicule, ont prospéré pendant les six premiers mois; mais leur nombre avait beaucoup diminué au printemps suivant et, trois ou quatre ans après, on n'en trouvait plus; les derniers sont morts, longs de 18 centimètres environ, maigres, décolorés, étiolés en un mot. M. de Selys-Lonchamps attribue cet insuccès à la nature du fond, qui est vaseuse, et produit de grandes quantités de conferves, et à l'eau qui provenait de sources froides, originaires de la Marne et non aérées par des cascades (1).

D'une autre part, M. de Selys-Lonchamps est parvenu à multiplier dans le Geer les Rosses, Rotengles, Perches et Brochets, en faisant approfondir la rivière sur une étendue de 300 mètres à un niveau inférieur au seuil d'un moulin, de manière à y maintenir toujours environ 50 centimètres d'eau, et à obvier ainsi à l'inconstance du niveau qui résulte de la pente rapide du sol (2).

Des détails qui précèdent, il résulte que la pisciculture n'a pas encore donné des résultats bien sérieux en Belgique, mais cela tient sans doute à ce qu'on n'a pas assez pris garde à tenter l'introduction des Salmonidés dans des eaux suffisamment propices et réunissant des conditions analogues à celles qu'offrent les eaux où ces poissons vivent naturellement. Quel que soit le résultat, nous trouvons encore ici l'influence heureuse de la France, et la preuve en est dans ces paroles de M. de Selys-Lonchamps : « Nous avons trouvé, à l'étranger, » un concours généreux et efficace dans l'établissement du » gouvernement français d'Huningue et MM. le professeur » Coste et J. Gerbe, son préparateur au Collége de France (3). »

(1) De Selys-Lonchamps, *loco citato*, p. 24.
(2) *Idem*, p. 29.
(3) *Idem*, p. 24.

SAUMONS.

Les Saumons remontent abondamment dans quelques-uns des fleuves de la Hollande, et sont l'objet d'une pêche fructueuse qui fournit d'abondants produits aux marchés de la France et de l'Allemagne. On emploie pour capturer les poissons d'immenses filets à très-grandes mailles, qui, cependant, prennent aussi beaucoup de jeunes poissons, ce qui tient à ce que ces filets sont manœuvrés, avec une grande rapidité, au moyen de vapeurs et immédiatement halés à terre. Nous avons assisté à une de ces pêches, à Yvelmonde, près de Rotterdam, dans l'établissement désigné sous le nom de Mérode : une immense seine était traînée, par une de ses extrémités, sur un des rivages par une douzaine d'hommes, tandis qu'un petit vapeur conduisait à l'autre rive l'engin et suivait toutes les sinuosités du bord, pour ramener vers le centre les poissons qui y auraient cherché un refuge. Nous vîmes prendre d'un coup de filet quatre beaux Saumons, dont la valeur fut évaluée à 50 francs. On donna ainsi de quinze à seize coups de filets à chaque marée, et le produit des pêches faites dans la soirée du samedi et dans la matinée du lundi (on ne pêche pas le dimanche) s'élevait à 121 Saumons, qu'on avait déposés vivants dans un réservoir, en attendant le moment de la vente. Pour obtenir un rendement plus considérable, la pêcherie se sert de deux jeux de filets, dont le second est étendu et mis en place, pendant que les hommes halent à terre le premier et en retirent le poisson. La pêcherie de Mérode était louée autrefois pour 100 florins ; depuis, le fermage s'est élevé à 130 000 florins, et l'on estime qu'elle rapporte en une saison 200 000 florins.

C'est presque exclusivement au moyen de filets que se pratique la pêche du Saumon en Hollande : nous avons cependant vu quelques lignes destinées à cet usage, mais aucun de ces appareils ne nous a paru aussi bien imaginé que celui qui est mis en usage par les pêcheurs de Bornholm (1) dans

(1) Les Salmonidés sont assez abondants en Danemark, et en raison

la Baltique, et qui figurait à l'exposition d'Amsterdam en 1861.
Cet appareil, simple et solide, et qui pourrait facilement être

du faible degré de salure que présentent, ainsi que l'a fait observer le regretté M. Smidth, conseiller des pêches (*a*), les eaux méridionales de ce royaume, ces espèces y restent en quelque sorte stationnaires, ne faisant guère que s'éloigner un peu des côtes pendant l'été pour s'en rapprocher en hiver et au printemps. Les Salmonidés du Jutland, au contraire, opèrent régulièrement leurs migrations.

Les Salmonidés du Danemark sont le Saumon (*Lax*), très-abondant partout, et qui est l'objet d'une pêche suivie à Randers et autour de l'île de Bornholm (il entre en eau douce fin décembre pour quitter en avril); la Truite blanche (*Hvidörret*), qui arrive fin juin pour partir en juillet; la Truite grise (*Graaörret*), qui arrive à peu près à la même époque, mais qui affectionne les bas-fonds; la Truite rousse (*Rödorrot*), la moins estimée et qui ne remonte les eaux douces qu'à la fin de l'automne; enfin, le Lavaret (*Helt*), qui est le plus commun des Salmonidés, et qui remonte de fin novembre à fin décembre.

Dans la baie de Randers, il existe douze établissements de pêches ou *Laxegaarde* (cour à Saumons), dont le plus important est celui de Frisenvold (*b*), où la pêche est presque le tiers de tout ce qui est capturé dans la baie. Le rendement des douze établissements peut être évalué, d'après M. Smidth, à

```
  568 Saumons d'une valeur moyenne de 15 francs...   8790 fr.
 1475 Truites.............................. 2    —     2950
 3000 Lavarets...........  (le couple) 0 fr. 25 c.    750
                                                   ___________
                                                   12 490 fr.
```

La pêche de Bornholm, qu'on peut évaluer approximativement à 55 000 kilogr. de Saumon, soit 110 000 francs, se fait, comme généralement toutes les pêches du Danemark, au moyen de bateaux non pontés; on emploie généralement les lignes, si ce n'est près des côtes, où l'on capture surtout de petits Saumons au moyen de filets assez analogues aux filets à Harengs des Anglais et Hollandais (Jens K. Smidth).

Ce n'est que depuis 1852 qu'on a commencé à s'occuper de pisciculture en Danemark. Le gouvernement fit publier des instructions pour en propager les pratiques, mais les premiers essais n'ayant pas réussi, la pisciculture

(*a*) A. J. Smidth, *La mer autour du Danemark, sa qualité salifère et ses courants spécialement à l'égard de ses poissons importants à la pêche et au commerce.* 1866. Dans la partie septentrionale du Kattegat, près de Skager, l'eau pèse 15 à 25 degrés; dans le Sund, près de Copenhague, 5 à 7; dans le Store Belt, près de Korseur, 5 à 7; dans le Lille-Belt, 15 à 18; autour de Bornholm, 4 à 6 degrés seulement.

(*b*) On y pêche surtout les Saumons qui, pendant l'hiver remontent le *Judenaa*, le plus grand fleuve du Danemark, et l'on évalue le revenu de Frisenvold à environ 30 000 francs par an. (A. Feddersen)

adapté à d'autres pêches, consiste en une corde solide qui est maintenue à une certaine distance du fond de la mer et porte

fut assez mal accueillie. En 1858, M. Hansen construisit à Randers un appareil sur le modèle de ceux usités en Norvége, et, depuis cette époque, il produit annuellement de 80 à 100 000 Truites (*Salmo Trutta*) ; malgré cela, personne ne prenait garde aux résultats obtenus, et ce n'est qu'en 1865, après la formation d'une Société de pêche et de pisciculture à Viborg (Jutland), que l'on s'est occupé sérieusement de pisciculture en Danemark. Aujourd'hui, des établissements ont été créés à Kolding, Copenhague, Frisenborg, Buise, etc., mais ils sont encore trop récents pour avoir pu donner des résultats sérieux.

Le Danemark est admirablement disposé pour la pêche ; aussi cette industrie a-t-elle été toujours une occupation importante et une source de richesse pour ses habitants, comme en témoignent les *Kjökkenmöddings* de l'antiquité, les rapports commerciaux de la *Hanse* et les lois anciennes qui régissaient la pêche du Hareng dans le Sund. Les eaux douces n'étaient pas moins riches que les eaux salées, mais la pêche a bien diminué par suite de la destruction incessante qui a été faite du poisson. C'est ainsi que le Karüp-Aa, qui débouche dans le Linifjord, fournissait, il y a quinze à vingt ans, 65 000 livres danoises de Truites (3250 kil.) par an, tandis que dans ces dernières cinq et six années, le produit n'était plus que de 1200 livres environ (600 kil.). Les causes de ce dépeuplement, dont nous pourrions multiplier les exemples, ne sont pas difficiles à trouver : la nature des cours d'eau permet facilement de reconnaître les lieux de refuge des poissons, et comme aucune loi n'implique prohibition de la pêche, soit pour le temps, soit pour les engins, les paysans dévastent tout, surtout au moment du frai, et sacrifiant l'avenir, il n'épargne rien. Tout fait espérer que cet état de choses va changer, et que le gouvernement danois prendra des mesures pour protéger le poisson.

La Société de Viborg, qui, comme nous l'avons dit, date de 1865, a déjà pu constater, en 1868, que les efforts pour introduire la Truite dans le lac de Viborg n'avaient pas été infructueux : car on a pris dans l'affluent du lac, qui n'en contenait pas auparavant, des Truites longues de 18 pouces (5 à 6 décimètres), du poids de une livre trois quarts, et contenant de la laitance et des œufs. Les poissons du même âge conservés dans des bassins avaient, à la même époque, 12 pouces de long.

Personne encore n'a pu prendre de Saumon prêt à pondre dans les eaux du Jutland, quoiqu'il soit vraisemblable qu'il fraye dans le Judenaa et dans les grands lacs de Silkeborn ; aussi est-on obligé jusqu'à présent, pour les expériences de pisciculture faites à Viborg et Odense, de se procurer des œufs fécondés de Norvége et de Munich ; ce sont ces derniers qui ont le moins souffert du transport. Les appareils installés à Viborg n'offrent pas de tonneaux épurateurs ; l'eau provient d'une source qui ne gèle pas

de 2 mètres en 2 mètres de petites lignes munies chacune d'un flotteur, placé en dessous de l'hameçon qui est amorcé au moyen d'un Hareng (1).

M. Johnson, de Londres, qui avait présenté un appareil d'incubation de Saumons, avait exposé également un modèle d'échelle à Saumons, dans laquelle chaque degré présente une cavité destinée à permettre au poisson de se reposer pour prendre un nouvel élan quand il veut continuer son ascension. Mais cette disposition ne nous paraît pas d'une grande utilité, car le Saumon, une fois engagé dans l'échelle, la parcourt tout entière sans arrêt et cherche à gagner au plus vite le point culminant de la chute.

ÉPERLANS.

On fait une pêche assez considérable d'Éperlans dans les dans les bassins pendant l'hiver, malgré l'abaissement considérable de la température. L'appareil à incubation est composé de neuf caisses qui n'ont que six pouces de largeur pour produire un courant vif, ce qui facilite l'éclosion, qui se fait en cinquante-quatre jours ; le fond des caisses est de brique rouge, sur lesquelles on ne met du gravier que quand le poisson est éclos et recherche des abris. Les caisses, disposées en gradins, peuvent contenir 150 000 œufs.

Les bassins, au nombre de quatre, ont une superficie de 50 aunes carrées (45 mètres environ) et une profondeur de 1 aune 1/2 ; le fond en es couvert de sable et de petites pierres, mais les parois sont faites de ciment. On nourrit les petits poissons avec du foie séché et réduit en poudre, puis avec de la viande hachée et des détritus de boucherie. On s'est très-bien trouvé de donner comme nourriture des Moules salées. Ces bassins doivent contenir toujours un certain nombre de poissons, pour permettre d'en suivre exactement le développement (A. Feddersen).

Pour le transport des œufs, M. A. Feddersen emploie une caisse percée de trous qui permettent l'introduction de l'air, et place dans l'intérieur seize cadres de bois détachés, en dessous desquels est suspendue de la toile mince, qui supporte les œufs. Chacun de ces cadres peut contenir cinq cents œufs de Truites; le plus haut et le plus bas sont couverts de plusieurs couches de papier sans colle ou de flanelle humide. Ces cadres ont donné de bons résultats pour le transport des œufs, au moins pour des distances qui n'étaient pas très-longues, et permettent de contrôler facilement le nombre des œufs.

(1) E. de Brouwer, *Rapport sur l'exposition d'Amsterdam en* 1862, p. 25.

eaux du Pays-Bas, et l'on a remarqué que le nombre de ces poissons avait beaucoup augmenté dans l'Escaut depuis la suppression de l'engin, désigné sous le nom d'*Ankerkuijl*, sorte de grand filet en entonnoir, formant barrage, qui restait en permanence dans les fleuves, où il était fixé, à des endroits déterminés, au moyen d'ancres.

ANGUILLES.

Les Anguilles, dont les Hollandais fument de très-grandes quantités pour la consommation locale et pour l'exportation, sont très-communes dans les eaux de la Hollande et surtout dans le Zuyderzée. Il paraît que de même que les Éperlans, elles ont augmenté de nombre dans l'Escaut depuis la suppression de l'*Ankerkuijl*. Un certain nombre sont prises au moyen de *fouênes*, mais le plus ordinairement on fait usage de nasses de fabrication excellente, et l'on place le produit de la pêche dans des réservoirs qui, tantôt, sont placés à l'intérieur du bateau, et tantôt constituent une *boutique* amarrée à l'arrière.

MORUE.

« La fertilité du champ béni, la mer, a dit un auteur (1), » ne se repose jamais ; source intarissable qu'aucune coupe » ne vide, qu'aucun soleil ne dessèche, qu'aucun vent ne » tarit. » Cette assertion est parfaitement vraie, mais si le nombre des Morues n'est pas moindre que par le passé, il n'en est pas moins exact que la pêche de ces poissons ne donne plus aux Hollandais les mêmes profits qu'autrefois. Plusieurs causes sont venues agir sur la production des pêches effectuées par les marins : la concurrence établie par plusieurs autres peuples, les Norvégiens en particulier, le retrait des primes, l'élévation des tarifs chez quelques nations, la prohibition chez d'autres.

La pêche hollandaise de la Morue, qui se fait par des bateaux de même tonnage que ceux destinés à la capture du Hareng,

(1) M. Bouyer.

n'a pas pris un semblable essor, car elle n'a pas trouvé les mêmes sources d'exportation et est aujourd'hui presque exclusivement réduite à l'Espagne et à l'Allemagne. Celle qui se pratiquait sur les côtes d'Islande (1) n'a pu résister au préjudice que lui ont porté la prohibition d'importation en France et l'élévation des tarifs, qui frappent la Morue à son entrée en Belgique. La restriction ainsi apportée aux débouchés de la pêche d'Islande a frappé de mort l'armement pour l'Islande qui n'a pu se relever de cette atteinte (2).

Les pêcheries du Doggersbank sont dans un état à peine meilleur, et le retrait des primes offertes par le gouvernement y a singulièrement diminué l'importance des pêches. L'appui important que donnait l'État avait déterminé l'élévation tout à fait artificielle du produit. Il devait donc, lorsque la pêche serait abandonnée à elle-même, se produire nécessairement une diminution qui rétablirait l'équilibre entre la demande et l'offre, équilibre qu'avaient rompu les encouragements officiels. Cependant, après quelque temps, la pêche est revenue ultérieurement au point qu'elle avait atteint auparavant, et dans ces dernières années elle l'a même dépassé.

Les bâtiments employés à la pêche de la Morue sur le Doggersbank sont pour la plupart du même tonnage que les *buigs* à Harengs et sont montés par treize à quatorze hommes (3).

Les Hollandais font usage pour pêcher la Morue de chaluts, de grands filets dits *buig* ou de lignes.

A l'imitation des anciens pêcheurs belges, ils se servent d'un appareil nommé *buig*. Le *buig* des Belges consistait en une série de câbles, longue de huit mille quatre cents pieds, et por-

---

(1) *Nederlandsche Jaarbucker*. Ils donnaient, chaque année, des renseignements sur les bâtiments expédiés en Islande, et indiquaient même quelquefois la valeur de la pêche de chacun de ces bateaux.

(2) On peut tirer de l'étude des tableaux des *Nederlandsche Jaarbucker* cette conclusion, que lorsqu'au siècle dernier la pêche d'Islande était très-fréquentée, les résultats étaient beaucoup moins favorables que plus tard (de 1843 à 1853, par exemple) : car, ce qui alors était considéré comme le maximum de la pêche n'est plus qu'un minimum.

(3) *De Hollandsche Zeevisscherijen in heren aard, omvanden belanprijkheid geschetst.*

tant, de distance en distance, de longues lignes minces munies
d'hameçons : trois ancres à bouées fixaient l'appareil au fond
de la mer, l'une étant au milieu et les deux autres à chacune
des extrémités ; pour aider à la fixité de l'appareil, il était
muni de galets ou de poids de plomb également distancés. Le
bateau restait au mouillage sur la dernière ancre, et com-
mençait à haler la première partie immergée après qu'elle
avait séjourné six à douze heures en place (1).

Le *buig* hollandais (*kol*), employé aujourd'hui sur le Doggersbank, est plus léger que celui des Belges : il se compose de
douze pièces longues d'environ 1000 mètres, qui portent chacune trois cents lignes fines et fortes, distantes de 3 mètres environ, et qu'on fixe successivement en ligne droite au moyen
de deux petites ancres-bouées. Le bâtiment reste sous voile et
louvoie pendant plusieurs heures, avant de commencer à relever l'appareil.

Ces lignes sont très-bonnes sur les côtes, et M. Winckler,
qui s'est occupé avec beaucoup de soin de leur emploi, pro-
pose de les armer d'hameçons de diverses grandeurs, de façon
à pouvoir plus sûrement capturer diverses espèces de poissons
en même temps (2).

Au large, les Hollandais et principalement les pêcheurs de
Scheveningen font plus souvent usage de chaluts (3), plus
légers que ceux des Français et que ceux des Belges, et munis

(1) Les Anversois emploient un *buig* composé de seize paliers longues
chacune de 1000 mètres.

(2) Winckler, *Over het visschen met den hoek* (*Visscherboœckjes uit gege-
ven of last van het Collegie voor Zeevisscherijen*, t. III, Leyden, 1861).

(3) L'usage du chalut fut introduit à Ostende en 1822, par un Anglais, et
amena une révolution dans l'art de la pêche : car à la suite de son adoption
par les pêcheurs, ceux-ci furent amenés à changer la forme de leurs bateaux
et à y installer des viviers. Le chalut ostendais est un cône de 20 à 22 mètres
de long sur 10 à 11 de large, dont l'ouverture est maintenue béante au
moyen d'une pièce de bois; on le traîne pendant six heures, et on le vide
par son sommet qui peut s'ouvrir facilement une fois que l'engin est halé à
bord.

Le chalut, excellent pour la pêche de la Raie et des poissons plats, est
moins bon pour la Morue, l'Églefin et le Merlan, qu'il froisse beaucoup; on
obvie à cet inconvénient en tronquant le sommet du cône.

de fer, hauts de $0^m,80$ environ, qui sont organisés de façon à laisser l'ouverture béante tant que le bateau marche, mais qui tombant sur le sol, dès que celui-ci s'arrête, bouchent l'ouverture du filet, et maintiennent ainsi le poisson prisonnier. Les mailles qui traînent sur le fond sont munies de pièces de plomb, qui obligent le bord inférieur à raser le sol de la mer. Le chalut est un cylindre terminé par un cône, forme qui a l'avantage, dit-on, de beaucoup moins froisser le poisson que la forme conique généralement adoptée.

Les dimensions très-faibles des chaluts hollandais permettent aux pêcheurs de pouvoir fixer à l'un des flancs de leur bateau deux de ces engins, et cette pratique leur donne de sérieux avantages.

L'appât employé par les Hollandais pour leurs lignes est le Lamproyon, qui remonte leurs fleuves en grande abondance à certaines époques, et qu'ils conservent vivants dans des appareils spéciaux (1), car cet appât, qui meurt facilement, perd beaucoup de sa valeur attractive quand il a cessé de vivre (2). Ils font quelquefois aussi et avec grand avantage, dit-on, usage d'amorces brillantes, qui, en raison de leur scintillation, attirait mieux la Morue, bien que ce poisson, par suite de sa voracité naturelle, ne soit pas très-difficile sur le choix de l'appât qu'on lui offre. Très-fréquemment, l'appât factice a la forme d'un Hareng, et a été fait sur le moule d'un de ces poissons.

Les Belges, sur le Doggersbank, qu'ils préfèrent aux côtes des îles Feroë, parce qu'il est beaucoup plus riche en poisson,

---

(1) Pour conserver les Lamproyons, on les place sur une légère couche de sable dans des boîtes rectangulaires placées à l'avant des bateaux et divisées en plusieurs compartiments communiquant entre eux au moyen de trous percés dans la cloison, ce qui empêche les poissons de se réunir et s'agglomérer en masse. Pour les tenir en activité et leur conserver aussi toutes leurs qualités comme appâts, on a soin de frapper de temps à autre de petits coups secs sur la paroi au moyen d'une sorte de marteau de bois, et l'on force ainsi le poisson qu'on effraye à ne pas rester immobile, ce qui est une cause de mort plus rapide.

(2) Les Belges font quelquefois aussi usage de Lamproyons pour la grande pêche d'hiver, mais ils sont obligés de les faire venir de Hollande au prix de 25 à 30 francs le cent (de Brouwer),

emploient des lignes de chanvre munies d'hameçons qu'ils appâtent au moyen de grosses moules, de morceaux de poisson, et quelquefois avec les abatis des poissons, pris tout d'abord.

Les Danois, qui se livrent à la pêche de la Morue, surtout aux îles Feroë et en Islande, emploient beaucoup d'hameçons simples ou doubles : dans ce dernier cas, la partie droite est munie d'un poisson factice ayant la forme d'un Hareng, animal dont la Morue est très-friande.

Dès que les Morues sont prises, les Hollandais s'empressent de les saigner, ce qui assure plus complétement la blancheur de la chair ; puis on les dépose pendant deux à trois heures dans des bacs sur le pont ; on les éventre alors pour retirer l'arête dorsale et les entrailles, et ayant soin de mettre de côté les foies. On lave les poissons, on les sale fortement et on les embarille provisoirement. Après quatre à cinq jours, on procède à l'embarrillage définitif, en ayant soin de ne pas mettre une trop grande quantité de sel ; la pression est modérée, beaucoup plus que chez les Belges, en même temps que la quantité de sel est moindre ; aussi les produits sont-ils beaucoup plus beaux (1).

MORUE EGLEFIN.

Le nombre des Morues Eglefins (*Gadus æglefinus*), qui se trouvaient autrefois très-abondamment à peu de distance de Vlaardingen, y a subitement, et, sans aucune raison qu'on ait pu apprécier, diminué beaucoup depuis 1850. Cette disparition est survenue après une période de dix ans d'une abondance telle qu'on était encombré de ce poisson, au point de ne savoir qu'en faire (2). Un fait analogue a, du reste, été constaté pour la morue aux environs d'Ostende : autrefois très-abondant, ce poisson y est devenu, promptement et sans cause connue, très-rare (3).

(1) Les Belges donnent la préférence au poisson très-serré parce qu'il se conserve mieux, surtout l'été (de Brouwer). La Morue d'hiver est moins salée que celle d'été.

(2) *Enquête sur la situation de la pêche maritime en Belg.*, 1866, p. 92.

(3) *Idem*, p. 97.

HARENG.

L'origine de la pêche du Hareng en Hollande (1) remonte à une époque déjà très-éloignée, mais qui n'a pu être déterminée avec précision : elle n'eut pas tout d'abord l'importance, qu'elle a acquise plus tard.

Aux xe et xie siècles, les Belges étaient plus avancés dans cet art que les Hollandais, et les grandes villes maritimes des Flandres trouvaient déjà, dans cette industrie, une source importante de bien-être, encore inconnu à leurs voisins.

Au xiiie siècle, les villes maritimes du nord de la Hollande possédaient déjà des marchés, placés sous la protection des princes, qui cherchaient, par tous moyens, à développer le commerce du Hareng ; mais, en raison de la crainte que leur inspiraient les villes Hanséatiques, alors maîtresses des mers et jalouses de conserver leur suprématie, les pêcheurs hollandais n'osaient s'éloigner des côtes et mettaient seulement à la mer de petites embarcations, armées de petits filets.

Des Flandres la pêche du Hareng se répandit dans la Zélande, dont, au milieu du xiie siècle, les habitants allaient jusque sur les côtes de Norvége et de Suède à la poursuite du poisson, et, comme tout semble le démontrer, avec un plein succès (2). Dès cette époque, et surtout à une époque ultérieure, la pêche du Hareng qui se faisait sur les côtes mêmes de la Zélande, donnait des produits considérables, consommés presque entier sous la forme de *Pan Haring* (Hareng frais légèrement salé).

Au xiiie siècle, presque toutes les villes maritimes du nord de la Hollande possédaient le droit de pêche sur certains points des côtes de la Scanie et de la Norvége, en vertu de concessions qui leur avaient été faites par les rois de Dane-

----

(1) G. H. A. N. Rietstap : *de Haring en de Harinvisscherij* (*Tijdschrift uitgegeven door de Nederlandsche Maatschappij ter bevordering van Nijverheid*, p. 312, 1864).

(2) Meijuert Semeijus, *Corte bescherijvinge over de Haringvisscherije in Holland*.

mark et de Suède. C'est alors que les Hollandais commencèrent à construire des *buijs* (espèce de bateaux spéciaux pour la pêche du Hareng) et à faire usage de grands filets, les mêmes qui sont encore en usage aujourd'hui. Mais l'industrie du Hareng ne prit réellement toute l'extension, qui a influé si heureusement sur la prospérité de la Hollande, que vers le commencement du xvᵉ siècle, lorsque, en 1456, Wilhem Beuckelsz, de Biervliet, eut trouvé, dans le *caquage* du poisson, un procédé qui opéra une véritable révolution dans l'art du pêcheur (1).

A cette même époque à peu près, l'importance de la pêche diminua en Zélande, alors que, par une sorte de revirement, les provinces hollandaises se rendaient maîtresses de cette industrie : cette décadence de la pêche zélandaise coïncide avec la disparition temporaire des Harengs des côtes de Norvége, de Suède et de Danemark, qui apparurent dans les environs de Hitland, Fairhill et Boeckoners, où ils se trouvent encore aujourd'hui (2).

(1) La supériorité du poisson, préparé par le procédé de Beuckelsz, fit tomber en discrédit le Hareng préparé par tout autre moyen, et assura aux Hollandais un monopole dont ils ne méconnurent pas l'importance. Après la mort de Wilhem Beuckelsz, sa patrie reconnaissante lui éleva, à Biervliet, un monument sur lequel, en 1556, Charles Quint et sa sœur, la reine de Hongrie, mangèrent un Hareng et burent à la mémoire du simple pêcheur, lui rendant ainsi un hommage qui n'avait rien d'exagéré. En effet, par suite de la découverte de Beuckelsz, un petit peuple devint une grande nation (Rietstap).

(2) *Verslag over ne Zeevisscherij*, 1854, annexes II, III, IV, V et VI. Il arrive, de temps en temps, que le Hareng, après avoir, pendant un certain nombre d'années, visité certaines côtes, disparaît tout à coup, au grand dommage des pêcheurs de ces côtes. Ce fait a donné naissance à un grand nombre de fables, rapportées par les divers auteurs qui ont écrit sur le Hareng. On a constaté que, jusque vers le milieu du xvᵉ siècle, les côtes de la Scanie étaient abondamment pourvues de Hareng ; mais, vers cette époque, ce poisson disparut des côtes de Danemark pour apparaître sur celles de Norvége et de Suède, où les pêcheurs le suivirent. La ville de Bohus devint le centre des pêcheries, et vit un immense concours de bateaux allemands, suédois, anglais, etc., qui venaient y chercher le poisson suédois apprêté. Vers 1588, le Hareng commença à diminuer progressivement dans ces parages, de telle sorte que, dans les premières années du

Encouragés par le succès, les Hollandais multiplièrent leurs comptoirs en Scanie, et dirigèrent leurs flottes jusque vers la côte orientale d'Angleterre, et particulièrement sur les bas-fonds d'Yarmouth, qui sont encore aujourd'hui le siége de pêches importantes.

Inquiétés d'abord par les Anglais, ils conclurent avec eux, en 1494, un *traité d'intercourse*, qui leur permit de se livrer librement à leur industrie. A partir de cette époque, l'esprit d'entreprise augmenta beaucoup chez les Hollandais, qui accrurent, chaque année, le nombre de leurs bateaux de pêche et les firent accompagner de flottes puissantes, chargées de leur protection (1).

Ils arrivèrent ainsi à être les maîtres de la mer et à fournir le monde entier de Harengs salés. Mais après être parvenue au pinacle, la pêche du Hareng commença à rétrograder : les Anglais cherchèrent à se soustraire aux obligations du traité de 1494, et à former de riches compagnies qui pussent rivaliser avec les Hollandais. Cette active concurrence eut pour effet de restreindre la production de ces derniers, bien que l'expérience acquise par une longue pratique assurât une supériorité marquée à leurs produits. Le désastre subi par leur flotte, en 1652, lorsqu'elle fut assaillie par l'amiral Black, n'eut pas une influence aussi funeste pour les pêcheurs hollandais que la guerre faite avec la France qui, en 1703, détruisit entièrement la marine hollandaise. Jamais la Hollande ne se remit de ce coup, et le développement extraordinaire des pêcheries suédoises et norvégiennes, pendant le XVIIIᵉ siècle, acheva la ruine de ses pêcheries.

xVIIᵉ siècle, il n'était plus possible de trouver aucune trace de ce passé florissant. En 1746, de nouvelles bandes de Harengs apparurent de nouveau dans la baie de Bohusland, pour redisparaître quelques années plus tard, de telle sorte qu'à la fin du siècle dernier, les hordes de poissons, de plus en plus rares, n'arrivaient plus que tardivement et d'une manière incertaine. (Rietstap.)

(1) En 1547, la ville d'Enkhuizen seule, où demeuraient les plus habiles encaqueurs de Harengs, mit à la mer huit bâtiments armés pour accompagner sa flottille de pêche du Hareng et la défendre. Six ans plus tard, cette ville possédait vingt bâtiments de guerre (Rietstap).

A dater de cette époque, jusqu'au commencement de ce siècle, les Hollandais virent se tarir la source abondante qui avait été l'origine de leur bien-être, de leur puissance et de leur importance (2). En 1814, on n'équipa que 106 barques. L'année suivante, sous l'influence de la paix, le nombre des bâtiments s'accrut ; il y en eut 140, qui prirent part à la pêche. En 1818, 168 barques furent employées à la pêche ; mais les années suivantes le nombre diminua, et en 1823 nous ne trouvons plus que 123 bateaux, qui eurent seulement un produit de 468 000 florins. Bien que cet état de décadence contrastât déjà avec la prospérité passée, la période décennale suivante fut encore plus critique : en 1833, aucun *buijs* ne quitta les ports de la Hollande, et 49 barques (*pinch*) seulement prirent part à la pêche du Hareng. Toutefois, la période désastreuse était passée. En 1836, la Hollande équipa de nouveau 117 *buijs* pour la grande pêche d'été, et, depuis, cet état d'amélioration ne s'est pas modifié sensiblement. Bien que la pêche du Hareng, en Hollande, dût éprouver les plus grandes difficultés à récupérer le grand développement qu'elle avait autrefois et qui lui avait assuré le premier rang des nations productrices au xvie siècle, elle a cependant repris une place notable, et ses produits sont, aujourd'hui, avantageusement exportés au loin. (Rietstap.)

Sans le Hareng et les ressources immenses qu'il lui a procurées, la Hollande n'aurait pu conquérir ses possessions d'outre-mer, qui constituent aujourd'hui sa richesse ; elle lui a dû ses flottes de guerre redoutables, qui l'ont rendue long-temps souveraine des mers ; elle lui doit aussi le désséchement de ses *poldens*, qui a donné à l'agriculture d'immenses espaces incultes et remplacé par des contrées salubres des terrains marécageux, sources de maladies nombreuses. C'est à ce petit poisson qu'elle doit son éclat et son bien-être (Rietstap) ! Lacépède avait donc raison quand il écrivait : « En » vertu de son inépuisable fécondité, le Hareng est une des

(1) Consultez, à ce sujet, les pièces officielles publiées par le gouvernement néerlandais pendant la période décennale de 1814 à 1823, et qui sont, à tous égards, très-importantes à étudier.

» productions naturelles dont l'emploi décide de la destinée
» des empires. »

Chaque année, un grand nombre de bâtiments, *buijs* (trin-
carts) et *bom*, sont équipés pour rapporter des millions de
poissons, et malgré les dangers qu'ils affrontent, sont une
source de grand bien-être pour les localités qui s'y adon-
nent (1). Vlaardingen, Maassluis, Delfshaven, Amsterdam, etc.,
envoient sur les côtes d'Écosse et d'Angleterre des bateaux à
quille, qui y pratiquent la pêche du Hareng, de la mi-juin
jusqu'au plus tard fin décembre.

D'autre part, les *bomschuit* (navires sans quille), de Scheveningen, Katwisk et Nordwisk, après avoir consacré le printemps à la pêche du poisson frais, au moyen de palancres
ou de chaluts, vont, du 15 août à la fin de décembre, à la
poursuite du Hareng sur les côtes d'Angleterre, devant Yarmouth (2) : ce Hareng, *steurharing*, n'est pas mis en tonnes,
mais simplement *en vrac* (3) dans la cale, où il est saupoudré
de sel (*steart*), pour être plus tard fumé et exporté en Belgique
sous le nom de *Diepwatersche bokking* (4).

Dans le Zuyderzée, la pêche du Hareng dure d'octobre à la
fin de mars, et se fait au moyen de grandes nasses (*fuik*)

(1) Pour parer aux misères qui résultent des avaries trop fréquentes et
des pertes éprouvées, soit en bâtiments, soit en hommes, il a été créé une
caisse de secours, à laquelle chacun contribue pour sa part, et qui, grâce
aux soins d'une Commission permanente, rend les plus grands services
(Rietstap).

(2) La pêche sur les côtes d'Angleterre, en 1860, est évaluée à vingt-
deux millions cinq cent quinze mille Harengs, d'une valeur de 938 630 fr.;
ces poissons ont été tous braillés en mer, puis fumés au port d'embarquement et surtout à Scheveningen. L'arrivée du premier Hareng est encore
aujourd'hui l'occasion de réjouissances, et les marchands indiquent qu'ils
sont détenteurs de Harengs nouveaux au moyen de rubans, placés à leur
porte, comme nous avons eu occasion de le constater pendant notre séjour
en Hollande.

(3) On a imaginé, dans ces dernières années, d'employer des bacs de toile
imperméable pour déposer le Hareng, et ce procédé donne un poisson de
qualité bien supérieure au braillage en vrac.

(4) Les produits obtenus à Katwisk ont été en décroissant chaque année :
à Scheveningen et à Maasporden, l'état est moins fâcheux.

et de grands tramails, manœuvrés au moyen de deux bateaux, le peu de profondeur de l'eau ne permettant pas d'employer les filets à une seule nappe, sur lesquels les pêcheurs des autres pays se laissent dériver (1).

Les Hollandais prennent le Hareng au moyen de filets dérivants, réunis par jeux de quarante à cinquante et mesurant sept cent vingt mailles de longueur sur trois cents de hauteur ; ces filets ont leurs mailles faites d'un fil plus fin sur le tiers inférieur, un peu moins fin pour le second tiers, et moins fin encore sur le tiers supérieur, ce qui rend les parties profondes aussi légères que possible et empêche que le poids de celles-ci ne ferme les premières rangées de mailles (de Brouwer). Aujourd'hui, on fait presque exclusivement usage de filets de coton, qui ont l'avantage d'être moitié moins chers que ceux de chanvre, et d'avoir une légèreté plus grande, ce qui a permis d'en augmenter la profondeur. Ces filets, dont l'apparition remonte en 1855, ont été imaginés en Écosse ; on leur reprochait à tort d'être moins solides que les filets de chanvre, mais l'expérience a démontré qu'avec des soins on pouvait leur donner

(1) En 1860, le produit s'est élevé, dans le Zuyderzée, à vingt-quatre millions de Harengs qui ont été vendus 1 centime et demi pièce : la majeure partie de ces poissons est légèrement salée dès la capture, puis fumée (de Brouwer). Voy. aussi *Hollandsche zeevisscherijen in Huren aard, omvan in belangrij-kheid*.

En Hollande, on donne satisfaction au désir que peuvent avoir les pêcheurs de voir la vérification de leurs apports se faire promptement. « Dans le commerce du Hareng, dit la Commission des pêcheries néerlandaises, le prix du produit peut quelquefois différer d'un chiffre important, selon qu'il arrive quelques heures plus tôt ou plus tard sur le marché, et l'on ne doit rien épargner pour abréger le temps qu'exige la vérification de la denrée. Surtout pendant les premiers mois de pêche, les prix sont sujets à varier et la prompte livraison du poisson est la première de toutes les nécessités. Convaincus de ce besoin, après un examen sérieux, nous n'avons pas hésité à charger les vérificateurs de marquer le Hareng la nuit comme le jour, à la condition toutefois que l'endroit où se fait la vérification soit assez bien éclairé pour que l'expertise se fasse d'une manière convenable. Les désagréments que cette mesure peut causer, pendant quelques semaines, à nos agents, ne sont rien à côté des immenses avantages que l'économie de temps procure aux intéressés. » (*Verslag omtrent den Staat der zeevisscherijen over*, 1864, p. 7.)

une durée au moins aussi longue, et qu'en les tannant, comme l'a imaginé M. Maas, de Scheveningen, avec du cachou, on évitait en outre le danger d'inflammation par suite de fermentation.

Nous avons aussi remarqué, à l'Exposition, un filet employé dans le Zuyderzée pour la pêche du Hareng et qui consiste en deux sortes de longs verveux, dont les ailes se rejoignent d'un côté, tandis que de l'autre côté elles laissent une ouverture séparée en deux par une nappe de filets, perpendiculaire à l'axe des verveux, et dont l'usage est de barrer le chemin aux poissons et de les forcer à entrer dans l'appareil.

Les Hollandais, pour obvier aux inconvénients des voyages faits après chaque pêche au port d'embarquement, font usage, surtout au commencement de la pêche, de bateaux chasseurs (*cutters* des Anglais, *jagers* des Hollandais), qui se chargent du transport du poisson, tandis que les pêcheurs continuent sans interruption leurs opérations.

La salaison des Harengs se fait en général, à bord des bateaux hollandais, et avec le plus grand soin, en employant du sel de Lisbonne, mêlé d'un peu de sel de Sétubal : aussi le poisson y est-il de la plus belle qualité et atteint-il, ordinairement, une plus-value de 20 pour 100. On divise le produit de la pêche en quatre classes :

M. W. R. *Maatjes harïngs*. — Harengs vierges ;
V. W. R. *Oolles harïngs*. — Harengs pleins ;
K. W. R. *Keutzisk harïngs*. — Harengs prêts à pondre ;
Y. W. R. *Yles harïngs*. — Harengs gais ou ayant pondu.

On caque rapidement, on couvre d'une couche de sel fin et l'on embarille, en disposant alternativement un lit de poissons et un lit de sel fin de Lisbonne ; puis on ferme le baril, qui est exclusivement fait de bois de vieux chêne. Quelques jours après, on comble le vide, opéré dans le baril par le tassement, au moyen de poissons provenant de la même pêche et l'on abandonne le tout sans y retoucher, les Hollandais n'ayant pas adopté la coutume de repaquer à terre, ce qui conserve une bien meilleure apparence au poisson. Le baril est numéroté et reçoit en outre, pour chaque marée, une marque différente, qui indique l'état de fraîcheur du Hareng au moment de l'opération ; au lieu de calculer par nuits, comme nos pêcheurs français, les Hollandais calculent, par heures, le temps écoulé entre la capture et l'embarillage. Quand les pêcheurs en expriment le désir, leur poisson est examiné par des inspecteurs spéciaux qui impriment sur le baril une marque officielle de la qualité.

Les principaux débouchés de la Hollande sont :

1863

Belgique...............	30 000 000	Harengs saurs.
—	1 363 000	kilogr. de poisson frais.
—	5 000	tonnes Harengs caqués.
Confédération germanique.	21 000	tonnes Harengs caqués.
États-Unis..............	2 219	tonnes Harengs caqués (1).
Russie.................	1 450	tonnes Harengs caqués (2).

La pêche du Hareng, autrefois très-importante en Belgique, y est aujourd'hui presque complétement abandonnée, par suite du haut prix des armements, des difficultés faites par l'Angleterre, sur les côtes de laquelle les pêcheurs ostendais avaient pris la coutume de se rendre, et surtout en raison du prix élevé du chanvre (de Brouwer). On dit aussi que l'emploi de filets à mailles trop larges, et au travers desquelles le poisson pouvait passer, a été une des causes d'insuccès, surtout pour les pêcheurs ostendais (3).

(1) Mais la concurrence de l'Écosse est très-active aux États-Unis.

(2) L'exportation en Russie diminue depuis plusieurs années.

(3) Les côtes du Danemark reçoivent, comme celles de la Norwége et de l'Écosse, deux sortes de Harengs, celui d'hiver (*Vaarsild*) et celui d'été (*Efteraarsild*). On pratique la pêche, comme en Norwége, au moyen de filets dérivants, de filets fixes ou de barrage, faits de chanvre ou de coton et tannés au cachou.

La pêche aux filets dérivants s'effectue de la manière suivante : Les bateaux vont à sept ou huit lieues danoises, au large, pour gagner le lieu de la pêche ; là, ils abattent leur gréement et hissent une lanterne qui doit indiquer leur présence aux steamers et aux autres embarcations. Les filets (*nœringer*), réunis au nombre de cinquante et préparés à l'avance, sont mis à l'eau et entraînés par le courant à une distance d'environ 2 kilomètres. Quand le dernier *nœring* est largué, on fixe le filet au navire, et l'on dérive avec l'appareil

ANCHOIS.

L'Anchois (*Engraulis enchrasicholus*) est, avec le Hareng,
le principal produit de la pêche du Zuyderzée : ce poisson se

pendant qu'un homme est continuellement en vigie pour prévenir toute rencontre avec d'autres navires (il arrive quelquefois que, pour éviter de plus
graves accidents, il faut sacrifier les filets). Par un temps calme et clair, le
Hareng n'entrant pas dans les *nœringer* flottant près de la surface, les pêcheurs font enfoncer davantage les filets, en chargeant le bord inférieur de
grosses pierres ; dans ce cas, les filets sont maintenus au moyen d'une ancre
surmontée d'une bouée. Sur les deux heures de la nuit, on commence à
haler les *nœringer*, et, dès l'opération finie, on fait connaître aux acheteurs,
qui attendent sur la plage, le résultat plus ou moins favorable, par la position
qu'occupe le pavillon sur le mât (placé au bout du mât, le pavillon indique
une pêche de deux cent à deux cent cinquante *ol* ; chaque *ol* = quatrevingts poissons.

Les filets pour le Hareng d'été ont de 34 à 35 mètres de longueur sur
2 mètres de profondeur ; chaque maille tendue mesure 40 millimètres. Dans
ces dernières années on a commencé, à l'exemple des Norvégiens et des
Suédois, dont les filets ont de 3 mètres à 3 mètres et demi de profondeur, à
augmenter sensiblement la profondeur des *nœringer*.

MM. les commissaires d'Angleterre pour la pêche du Hareng en 1862, qui
annoncent n'avoir pu se procurer aucun renseignement positif sur l'époque
du frai du Hareng, assurent qu'il ne fraye jamais en juin et en décembre,
que cela n'a lieu que rarement à la fin de mai et de novembre et au commencement de juillet et de janvier. De ces assertions, il résulte que le Hareng
d'hiver n'aurait pour frayer que le temps intermédiaire entre la fin de janvier
et le milieu de mai, et le Hareng d'été que le temps compris entre les derniers jours de juillet et le milieu de novembre. L'assertion plus affirmative
des naturalistes norvégiens, qui disent que le Hareng a déjà frayé vers le
15 mars, est peut-être trop précise ; car les observations faites en Danemark
démontrent que le Hareng reste en général douze semaines dans le fjord, où
il est entré pour frayer, et comme le 15, ou mieux le 22 janvier est considéré
comme l'époque ordinaire de son entrée dans les fjords, il en résulte que généralement le frai ne peut être ordinairement terminé avant la première
moitié d'avril. En Danemark, le Hareng commence à apparaître vers le 22 janvier, comme l'ont observé le professeur Dr H. Kroyer et le conseiller Smidth,
pour séjourner dans les fjords jusqu'à la fin de mai : on a constaté que le
poisson quitte les fjords immédiatement après avoir frayé. De ces remarques
on a conclu qu'en Danemark le frai se fait en général du 15 avril au 15 mai,
et par suite, la Commission de la pêche des fjords de Randers (1866) a dé-

pêche en mai, juin et juillet, au moyen de grands filets coniques que deux bateaux tirent rapidement par chaque extré-

fendu de mettre ou de tendre, du 1er mai au 1er juin, aucun filet de barrage dans les fjords, où le Hareng est supposé devoir frayer.

Le Hareng d'été, qui commence à apparaître en avril pour ne disparaître qu'en novembre, est surtout abondant de juillet à la fin d'octobre ; il paraît cependant que le temps n'est pas le même pour toutes les localités. C'est ainsi que la principale pêche se fait de juillet à septembre au Lille-Belt, d'août à octobre au Store-Belt, et en juin et juillet autour de Bornholm. Il résulte de ces faits, qu'en Danemark, le Hareng d'hiver fraye plus tard qu'en Norvége, et que le Hareng d'été fraye plus tôt. Cette apparition plus retardée et la disparition plus hâtive du Hareng en Danemark semble venir à l'appui de l'ancienne croyance aux migrations de ce poisson. Mais, dès 1844, le professeur H. Kroyer a démontré que le Hareng n'est pas un poisson aussi migrateur qu'on le disait, qu'il se retirait seulement, en automne, dans les eaux les plus profondes, pour reparaître au printemps sur les côtes. Dans ces mouvements, il est dirigé par deux mobiles : le besoin de chercher les aliments et celui de la reproduction de son espèce. A ces deux mobiles vient se joindre l'influence essentielle de la température qui, plus marquée dans les lieux peu profonds, y attirera les poissons pour y déposer les œufs dans les conditions les plus favorables. Si les poissons sont très-nombreux dans les eaux saumâtres, ce serait, d'après M. Smidth, que le mélange de deux liquides de densité différente produit une température plus élevée que celle que possédait chacun des deux fluides avant le mélange. Les résultats annoncés par M. H. Kroyer ont du reste été confirmés dans ces derniers temps, en Norvége, par M. le docteur A. Boeck, qui pense que le Hareng ne s'éloigne pas de plus d'une dizaine de kilomètres de la côte. Mais si l'hypothèse moderne est vraie, comment expliquer que la côte occidentale du Jutland ne présente jamais que très-peu de Harengs d'été, tandis qu'ils abondent dans la Baltique (Jens. K. Smidth). Nous devons rappeler aussi les observations de MM. K. Mobius et Meyer, qui ont constaté, à plusieurs reprises, dans la baie de Kiel, que chaque fois que les bancs de Harengs disparaissaient, les eaux avaient changé de température et que ces disparitions ont eu lieu quelquefois d'une manière brusque. (Van Beneden.)

Le Hareng est, avec le Saumon, un des produits les plus importants de la pêche autour de Bornholm, où il apparaît en grande quantité pendant l'été.

Il résulte des observations faites par M. le conseiller Smidth que la grandeur des poissons décroît en même proportion que décroît la capacité salifère de l'eau où ils se trouvent ; c'est ainsi que le Hareng qui, dans le golfe de Limfjord, traverse le chenal d'Agger, est plus grand que celui des parages de l'île de Bornholm, et ce dernier dépasse à cet égard celui du golfe de Bothnie, où sa longueur ne dépasse pas d'une manière sensible celle de l'Épinoche de nos eaux douces. La même observation peut

mité (1). On fait aussi usage d'un appareil fixe qui consiste en trois verveux superposés l'un à l'autre, fixés par leur sommet à un pieu et dont l'ouverture est dans la direction du courant. En avant de cet appareil sont deux ailes, faites de fascines et qui forment un angle assez ouvert. Le poisson est salé et encaqué principalement dans les établissements de Heuzen, Monnickendam, etc., et est un article de commerce assez important, bien qu'il n'ait pas encore des débouchés aussi larges qu'on pourrait le désirer. Environ trois cents bateaux, montés par neuf cents marins, sont occupés dans le Zuyderzée à pêcher l'Anchois et le Hareng (2) ; ils ont pris, en 1853, environ 800 000 pièces, ou 20 000 *ankers* de 4 000 anchois chaque, ayant une valeur de 200 000 florins environ. Le prix de l'*anker* d'anchois à Monnickendam était de 9 florins en 1851, de 12 fl. en 1852, et de 13 fl. en 1853. (De Brouwer.)

En Belgique, l'Anchois (*Anchovis*) ne se recueille qu'à l'entrée de l'Escaut, pendant les mois de mai et de juin. Au moyen de l'*Anker-Kuyl*, seul engin qui puisse permettre la prise de ce poisson, avec lequel on trouve de très-grandes quantités d'Orphies, *Belone vulgaris* (*Geepe*), que leurs arêtes, de couleur verte, font repousser d'un grand nombre de personnes, malgré la qualité de leur chair. (Van Beneden.)

MAQUEREAU.

Le Maquereau (*Scomber Scombrus*) est souvent pêché, bien

se faire, avec certaines modifications, à l'égard des poissons de mer. Il n'y a d'exception que pour la Limande, qui grandit et prospère mieux en eau saumâtre...... Peut-être faut-il regarder la mer Baltique et les réservoirs semblables d'eau saumâtre comme des espèces de salles de nourrices réservées à l'alevin ? (Smidth, *loco citato*, p. 21.)

(1) En général, les pêcheurs d'Anchois s'occupent également de la pêche des Plies, Anguilles et autres poissons, surtout aux époques où l'Anchois ne donne pas.

(2) A Ecdam, il y avait 100 bateaux à viviers, montés chacun, en moyenne, par 3 marins ; à Markam, 121 barques de différents tonnages, montées par 263 hommes ; à Urk, 127 bateaux et 381 marins ; à Vizen, 106 barques ; sur le Texel, 70 ; sur le Terchelinge, 5 ; le Schockland, 50 ; et à Geneimunde, 39 barques.

qu'il soit peu estimé dans le pays, à la ligne par les bateaux
hollandais pendant leur retour de la pêche de la Morue. (De.
Brouwer.)

MERLAN.

Il existe à Youtkamp un certain nombre d'établissements
occupés au séchage des poissons, et principalement du Merlan
(*Merlangus vulgaris*). On ouvre le poisson par le ventre, on
le dépouille de la tête, des entrailles, du foie et des arêtes, on
le lave, on le sale légèrement (un kilogr. de sel pour cent Mer-
lans), et on le fait sécher sur des cordes, en le plaçant sur le
dos, si le temps est beau, sur le sens opposé, si le temps est
pluvieux. Quand la dessiccation est suffisante, on met le poisson dans des caisses.

BALEINE. — PHOQUES.

Autrefois très-importante en Hollande, la pêche de la
Baleine y a décru successivement et en est arrivée aujour-
d'hui à être presque nulle. De 1614 à 1642, elle fut le pri-
vilége d'une société d'Amsterdam, et durant cette période elle
resta stationnaire ; ce n'est que lorsque l'exercice en fut libre,
que cette industrie prit le développement qui y a attaché
pour toujours le nom de la Hollande et qui a établi la renommée d'intrépidité de ses marins. C'est surtout à la fin du
XVIIe siècle que florissait la pêche de la Baleine, qui occupait,
chaque année, deux cent soixante bâtiments, montés par
quatorze mille marins. Bien que, plus tard, la diminution
du rendement ait entravé l'extension de cette pêche, elle se
maintint, jusqu'à la fin du siècle dernier, dans un état suffisamment prospère (1). Les guerres et les complications qui
ont eu lieu à la fin du siècle dernier et au commencement de
celui-ci ont anéanti, d'une manière irréparable, la pêche de la
Baleine, et les tentatives, faites depuis 1815, pour la ramener
à son état antérieur, ont été infructueuses, malgré les puis-

(1) *Neederlandsche Jaarbœcken,* annexe XVI, tableaux de la pêche de
1749 à 1795.

sants encouragements du gouvernement. Rien n'a pu galvaniser la pêche, et un petit nombre de personnes seulement ont persévéré à envoyer des bâtiments pour montrer le drapeau néerlandais dans les régions boréales, où il domina pendant longtemps et où même une colonie avait été fondée, uniquement en vue des besoins de la pêche. Des trois sociétés, fondées en 1815 pour la pêche de la Baleine et du Phoque, une seule subsistait encore en 1826 : cette année, il partit quatre bâtiments de Harlingen et deux de Rotterdam ; en 1827, il n'y eut plus que trois navires, et, en 1828, un seul. Depuis, en 1853, trois vaisseaux sont allés au Groenland et y ont fait un voyage assez productif.

Du reste, les résultats de la pêche de la Baleine, dans les régions arctiques, n'ont pas été plus brillants pour l'Angleterre et la France, et aujourd'hui cette industrie reste l'apanage presque exclusif des Américains du Nord, qui vont aussi chercher les cétacés jusque dans les régions antarctiques et au delà du détroit de Behring (1).

L'huile obtenue par les Hollandais était rougeâtre et de qualité inférieure par suite de la coutume qu'ils avaient de couper le lard en morceaux pour l'enfermer dans des tonneaux, où ils le conservaient jusqu'à la fin de la campagne, au lieu de le fondre immédiatement, comme le faisaient les autres peuples.

L'Exposition montrait plusieurs engins employés à la pêche de la Baleine, et entre autres un fusil présenté par un habitant d'Harlingen ; mais l'utilité de cet instrument paraissait contestable en raison de la difficulté qu'il y a, sur une mer

______

(1) Le principal port d'armement en Europe, pour la pêche de la Baleine, est aujourd'hui Dundee (Écosse), et tout porte à croire que, même dans cette localité, cette industrie serait abandonnée si l'on trouvait une matière qu'on pût substituer à l'huile de Baleine dans la préparation du *Jute* (Layrle).

Les Hollandais, qui ont renoncé à la pêche du Nord pour la Baleine, y employaient autrefois vingt mille hommes.

En 1856, il y avait encore, employés à cette pêche, 40 navires du nord de la Grande-Bretagne, 15 de France, 12 à 15 des villes hanséatiques, contre 635 armés par les Américains du Nord (H. Jouan).

agitée, à pouvoir viser sûrement avec des appareils aussi volumineux.

Nous avons aussi observé plusieurs engins destinés à la capture des Phoques, et en particulier une immense nasse de cordes résistantes, munie d'ailes très-longues, et dans lesquelles on prend de ces animaux (1). Ces filets, au rapport de M. Van Dijk, de Rottummerog, ont une importance extrême dans le nord-ouest de la Hollande. Les Phoques, très-communs depuis l'embouchure du Texel jusqu'à celle de l'Ems, sont surpris au moment du repos, et au moment où ils se lèvent des fonds et arrivent dans les filets, on les tue d'un coup appliqué sur la nuque.

DAUPHINS.

La pêche du Marsouin, *Delphinus phocœna* (*Marsviin*), en Danemark, se fait surtout au Lille-Belt, pendant le commencement de l'hiver : elle est pratiquée par une corporation de trente pêcheurs de Middelfart en Fionie, qui possèdent dix barques. Ils les capturent, au moment où ces animaux cherchent à sortir de la Baltique pour entrer dans la mer du Nord, en les forçant à se réfugier dans les fjords, où ils les tuent à coups de harpons. Ils font aussi usage d'un grand filet, à mailles larges, long de 120 mètres sur 12 de profondeur et placé le long d'un bas-fond en formant avec lui un angle, un des côtés étant recourbé vers le bas-fond : toutes les barques se rangent en ligne et les pêcheurs, armés de longs bâtons, frappent l'eau pour forcer les Marsouins à entrer entre le filet et le bas-fond : on tire alors à terre l'extrémité du filet et plus tard

(1) Partout où se trouve le Saumon, en Danemark, on rencontre le Phoque qui en détruit des quantités immenses (d'après M. Faith, de Frisenvald, on estime qu'un Saumon, sur cinq pêchés, offre la marque des dents du Phoque). L'abondance de cet animal, qui le rend si nuisible aux pêches, lui fait faire une chasse des plus actives dans les eaux danoises, et surtout aux environs de Bornholm (Jens. K. Sdmith).

A Gorgenan, on emploie, pour la capture des Phoques, d'immenses nasses faites de forte corde et munies, à leur entrée, de longues ailes qui obligent les animaux à pénétrer dans l'engin.

le filet entier avec les animaux qu'il renferme. On prend ainsi annuellement de mille à onze cents Marsouins qui ont une valeur moyenne de 10 francs. En 1858, on a pris exceptionnellement deux mille deux cents de ces animaux.

On pratique aussi la pêche des Marsouins sur la côte occidentale du Jutland, depuis Blaavand jusqu'à Thorsminde, mais l'importance n'en est pas aussi grande : on place, à l'entrée des fjords, trois à quatre filets, longs de 48 à 50 mètres et profonds de 4 mètres, qui sont attachés à une chaîne et suivent les mouvements du courant; on prend avec chacun de ces appareils annuellement une vingtaine de Marsouins, qui se sont aventurés à poursuivre jusque-là les Harengs. (Jens. K. Smidth.)

Quant au *Delphinus Orca* (*Svaerdfisk*), dont on prend quelquefois des jeunes avec les Marsouins, bien que cette espèce se rapproche généralement moins des côtes, on néglige ordinairement sa pêche parce qu'il est moins chargé de graisse. Il est facile, du reste, à harponner et assez commun. Quand les pêcheurs retirent leurs lignes, quelquefois, dit-on, il survient soudainement un de ces animaux, qui s'élance sur le poisson pris par l'hameçon et le coupe en deux sous les yeux du pêcheur, au moment où celui-ci va jeter sa proie dans le bateau. (Smidth.)

Le *Delphinus globiceps* Cuv. (*Grant* des Danois, *Blackfish*, *Bottle nose* des Anglais, *Grind-hval* des îles Feroé) est l'objet des chasses des habitants des îles Feroé, sur les côtes desquelles cet animal apparaît en troupes nombreuses (quelquefois plusieurs centaines d'individus), en été et en automne, mais seulement quand il y a du brouillard ou de la bruine.

Pour les attaquer, les Féroens sont armés d'un harpon, dont la lame à deux tranchants est large de trois pouces et longue de douze à quatorze, et dont le manche, long de huit à dix pieds, porte une corde, fixée à une de ses extrémités au bateau ou à une vessie gonflée d'air; ils ont, en outre, suspendu à leur ceinture, dans une gaîne de cuir, un large couteau qui leur sert à donner le coup mortel au Dauphin. Sitôt que la présence d'un *Grind* (troupeau de *hval*) est annoncé,

tous les pêcheurs se précipitent dans leurs bateaux, et formant un cercle autour du·troupeau, cherchent à le diriger
vers quelque fjord, où la tuerie devra s'effectuer, ce qui, du
reste, se fait assez facilement, excepté au moment où les Dauphins, arrivés sur un fond de sept à huit brasses, manifestent
de l'inquiétude et cherchent à passer sous les bateaux ; on les
empêche de rompre la ligne des embarcations en leur jetant
des pierres. L'animal, blessé d'un coup de harpon, est attiré
au moyen de cordes ou de crocs sur le rivage, et y est achevé
d'un coup de couteau dans la nuque. On a remarqué que, dès
que le sang a rougi la mer, les Dauphins, comme affolés,
semblent perdre tout instinct de conservation et se laissent
tuer tous jusqu'au dernier. On enlève le lard pour en conserver une partie pour les usages domestiques, et faire cuire le
reste qui donne une huile assez fine : on retire environ un
baril d'huile de chaque *D. globiceps*. Quant à la chair, on
la taille en longues bandes, aussi grosses que le bras ; on les
sale et on les suspend autour des maisons pour les dessécher ;
cette chair se couvre d'une couche noirâtre et ne tarde pas à
exhaler une odeur désagréable, qui disparaît lorsque la viande
est complétement sèche ; elle peut alors se conserver très-
longtemps. Les Féroens, qui emploient l'estomac des Dauphins
comme vase pour garder et transporter l'huile, utilisent aussi
les nageoires et autres parties de l'animal. (Irminger.)

CREVETTES.

Les Crevettes, dont on pêche des quantités énormes (1) sur
les côtes de Hollande, et qui y étaient autrefois, dit-on,
recueillies pour servir d'engrais, sont assez souvent conservées
dans du sel, pour être exportées dans les pays tropicaux.

La pêche des Crevettes, qui se pratique sur une grande
échelle sur la côte de Belgique, est partout et particulièrement
à Blankenberghe, l'objet des récriminations les plus vives de

(1) En 1867, il a été exporté 355 000 kilogrammes de Crevettes en Angleterre, et 104 000 kilogrammes en Belgique.

la part des autres pêcheurs, qui reprochent à cette pêche, et le fait a été constaté par M. Van Beneden, de détruire des quantités incalculables d'imperceptibles poissons, tels que Turbots, Barbues, Soles, Plies et Raies, qui ne peuvent servir qu'à la nourriture des porcs, ou comme engrais.

Cette pêche se pratique en Belgique et en Hollande de trois manières, dont la première surtout est désastreuse. La pêche *à cheval*, qui se pratique de février ou avril jusqu'en octobre, se fait au moyen d'hommes montés sur des chevaux, qui traînent, pendant deux ou trois heures, sur le fond de la mer, des filets dans lesquels s'accumule tout ce qu'ils rencontrent, Crevettes, Poissons, etc. Quand la mer ne permet plus ce traînage, on retourne à terre, on charge dans des barriques tout le contenu des filets et on le porte à quelque distance pour en faire le triage. Toute l'immense quantité de fretin prise avec les Crevettes se trouve ainsi perdue, ou tout au moins n'a qu'un usage infime. La pêche *en canot* se pratique à marée basse, au moyen de chaluts qu'on relève de temps en temps et dont le produit est jeté au fond du bateau ; au retour, on fait le triage et tout ce qui n'est pas Crevette marchande est rejeté à la mer, mort ou vivant. Le troisième mode de pêche, *à pied*, est celui usité sur nos côtes : les pêcheurs poussent devant eux leurs filets, en marchant, à marée basse, dans l'eau quelquefois jusqu'à la ceinture ; ils relèvent de temps en temps leur filet et recueillent les Crevettes marchandes dans une hotte, fixée sur leur dos. Chaque fois ils rejettent à la mer le reste de ce que contenait leur filet (1).

On a remarqué en 1864, sur la côte de Belgique, une flottille de petits bâtiments anglais, aménagés pour la pêche de la Crevette : ils faisaient subir aux produits de leur pêche un premier degré de cuisson qui était suffisant pour les saler et les conserver.

(1) *Enquête sur la situation de la pêche maritime en Belgique*, p. 44, 57, 58, 60, 63, 73, 78, 84.

HUITRES. — MOULES.

Il existait autrefois des bancs naturels aux environs des îles de Texel et de Wieningen, qui fournissaient des produits justement renommés; mais, depuis quelques années, ils sont presque éteints.

Dans le but de remédier à cette disparition des Huîtres, le Collège des pêches de Hollande avait tenté, dans le Texel, des expériences de repeuplement qui n'ont pas réussi, par suite de la malveillance des marins; mais ceux-ci aujourd'hui sont les premiers à demander qu'on reprenne ces essais. En ce moment, M. de Bont et plusieurs autres personnes entreprennent de nouveau de régénérer les bancs d'Huîtres du Texel et du Zuyderzée.

En Belgique, on a fait des essais de reproduction dans les fossés des fortifications de Nieuport, mais l'époque tardive et le mauvais état des sujets ne laissaient pas espérer un résultat satisfaisant; cependant, dans les premiers temps, on remarqua de la reproduction, et cela permit d'espérer que l'ostréiculture pourrait réussir sur la plage du chenal de Nieuport et dans les fossés de l'ouvrage à couronne d'Ostende, qui offraient des conditions favorables et où la surveillance pouvait s'exercer facilement. (Schram, 1863.) Mais le succès ne s'est pas continué, presque toutes les Huîtres ayant péri par suite de l'abaissement des eaux (1).

À l'Exposition, nous avons trouvé le plan de l'établissement dans lequel M. Ch. de Smet traite avec soin les Huîtres qu'il va chercher à l'embouchure de la Tamise ou sur les côtes de l'Angleterre, et quelques jours plus tard nous visitions, dans la *retenue* d'Ostende, l'établissement lui-même, qui consiste en une sorte de vaste aquarium en maçonnerie, de 20 mètres de long sur 14 de large, divisé en douze compartiments, dont un seul reste vide pour permettre le déplacement et le nettoyage des mollusques. Les Huîtres sont changées de compartiments

(1) *Idem,* p. 75, 137, 142.

et placées dans un nouveau bac, préalablement nettoyé, une fois toutes les vingt-quatre heures en août et septembre, une fois ou deux par semaine pendant les autres mois de l'année. Toutes les précautions sont prises pour éviter aux animaux l'action préjudiciable de la température, telles que mise à sec la nuit, pendant la saison chaude, repos pendant les froids, extraction de la neige qui nuirait et qui tuerait les Huîtres, mais dès que le temps se radoucit, on enlève la glace et on remplace l'eau des bacs par une eau nouvelle. Par des soins minutieux et ainsi bien entendus, on arrive à améliorer rapidement les Huîtres et à leur donner cette qualité qui a valu aux Huîtres, dites d'*Ostende*, leur juste renommée (1).

Quant aux Moules qui abondent sur les côtes belges et néerlandaises, il paraît qu'elles y sont l'objet de soins particuliers, car nous trouvons dans l'*Enquête belge* (2) l'expression des plaintes d'Anversois, qui affirment que chaque jour 80 bateaux hollandais viennent enlever les jeunes Moules dans leurs eaux, pour les engraisser et les leur revendre à maturité.

·Le commerce des Moules, à Anvers, est assez important pour qu'un bateau à vapeur soit affecté à leur exportation en Angleterre.

BATEAUX.

La forme des bateaux hollandais varie avec les localités et avec le genre de pêche auquel ils sont destinés. C'est ainsi que les bateaux de Scheveningen, qui ne possède pas de port, ont trente tonneaux de jauge, sont légers, courts, de forme arrondie et à fond plat, de telle sorte que l'échouement périodique auquel ils sont soumis, n'exerce pas sur eux l'influence désas-

---

(1) Le premier parc à Huîtres d'Ostende paraît dater de 1765 ; aujourd'hui plusieurs établissements fournissent leurs produits à la Belgique, l'Allemagne et la France.

Comme on le sait, les Huîtres, dites d'*Ostende*, sont de provenance anglaise ; on les recueille dans la Tamise à Whistable et Milton, dans la Coln à Colchester et Brigthlingsea (Essex), et dans la Crouch à Burnham et Paglesham (Essex).

(2) *Enquête belge*, p. 88, 89.

treuse qu'il ne manquerait pas d'avoir sur un bâtiment à quille. Des dériveurs placés sur le côté servent à leur faire tenir le vent, mais leur vitesse s'en trouve singulièrement ralentie.

Les bateaux de Vlaardingen, de quatre-vingts à cent tonneaux, sont à quille et parfaitement aménagés pour faire la pêche toute l'année, soit au Hareng, dans la mer du Nord, soit à la Morue, sur le Doggersbank. Presque tous construits sur l'ancien modèle, ils offrent une large place pour le travail de la salaison, mais on tend à les remplacer par de nouveaux plus rapides et d'une manœuvre plus facile.

Le Zuyderzée est sillonné par des *schokker* et des *jotter*, disposés pour une navigation dans des eaux souvent peu profondes. Ces bateaux non pontés, analogues à ceux dont nos marins font usage dans les criques de nos rivages, sont d'un faible tonnage.

Un grand nombre des bateaux hollandais, surtout ceux qui pratiquent la pêche côtière, sont munis d'un réservoir (1) qui consiste en un espace compris entre deux couples, fermé perpendiculairement à l'axe par deux cloisons étanches et percé dans le bord d'une multitude de petits trous, qui permettent à l'eau une libre entrée. La quantité de Morues qu'on peut ainsi conserver vivantes peut s'élever à plus d'un millier dans quelques-uns de ces bateaux. Les chalutiers de Scheveningen, qui sont munis aussi de réservoirs recevant l'eau par un tuyau, disposent au tour de la cloison intérieure une série de crochets destinés à prendre par la queue les poissons plats ; sans cette précaution, qui ne paraît avoir aucun effet sur la durée de leur existence, les poissons plats pourraient boucher l'ouverture d'entrée de l'eau, et leur conservation se trouverait compromise si l'eau ne se renouvelait pas d'une manière continue. Quelques bateaux offrent des compartiments différents pour séparer les diverses espèces de poisson.

Nous avons aussi remarqué à Amsterdam un certain nombre

---

(1) Quelquefois les réservoirs sont mobiles, et alors on les démonte pendant la pêche du Hareng.

de petites embarcations, à la suite desquelles flottaient entre deux eaux des sortes de *boutiques* qui renfermaient surtout des Anguilles en grande quantité.

Les bateaux belges sont pontés, jaugent environ quarante tonneaux et possèdent un vivier qui permet de rapporter le poisson vivant, condition importante dans un pays où trois Morues mortes, de même qu'en Hollande, n'atteignent pas la valeur d'une seule Morue vivante ; ce fait se présente du reste dans tous les pays où la proximité du consommateur lui permet de pouvoir exiger cette condition dans le poisson qu'il achète, et nous avons déjà eu l'occasion de constater cette habitude en Norvége.

Les bateaux danois qui pratiquent presque exclusivement la pêche près de la côte, sont munis également de viviers qui leur permettent de rapporter leur poisson vivant, soit à Copenhague, soit dans les autres villes.

L'histoire des pêcheries de la Hollande, que nous avons succinctement rapportée plus haut, nous a montré les progrès incessants, faits par ses pêcheurs, qui, perfectionnant de plus en plus la qualité de leurs produits, obtinrent ainsi une supériorité incontestable : mais après avoir atteint un certain degré de prospérité, les produits de la pêche, dont le haut prix compensait, en quelque sorte, la limitation d'écoulement, commencèrent à diminuer, en dépit des primes et autres moyens de protection que le gouvernement néerlandais ne leur marchanda jamais : les restrictions et les obligations excessives qui avaient eu leur utilité, mais qui finissaient par n'être que des entraves à l'industrie, et qui contrastaient singulièrement avec le principe de liberté générale appliqué aux autres industries de ce pays, n'empêchèrent pas l'espèce de monopole, qui semblait acquis à la Hollande, de s'écrouler, et peu à peu la décroissance des pêches alla de plus en plus marquée, jusqu'en 1850.

Pendant que le système restrictif maintenait la qualité

des produits hollandais aux dépens de la quantité qu'ils pouvaient écouler, et amenait la pêche hollandaise à ne plus produire que pour les besoins intérieurs, les autres nations progressèrent peu à peu et, se basant sur une liberté presque absolue, elles donnèrent la preuve que la qualité peut coexister avec la quantité, et que par l'emploi d'autres procédés, il était facile de faire d'un élément de lucre une des sources les plus fructueuses de la consommation générale.

A cette époque, les pêcheries de Hollande ont pu espérer de reprendre *une nouvelle vie*, selon l'expression si exacte et pittoresque de M. Buijs, dans son travail, *Een nieuw Leven*, publié dans le *Gids*, n° 7, 1867.

Les considérations qui vont suivre sont puisées par nous dans le mémoire du savant secrétaire du Collége des pêches et dans des renseignements que nous devons à l'obligeance de M. Maas, de Scheveningen, qui a bien voulu nous continuer, à l'Exposition de La Haye, le bienveillant concours qu'il nous avait accordé déjà lors de notre visite à Boulogne sur-Mer. Nous sommes heureux de lui en témoigner ici toute notre reconnaissance.

En 1850, deux partis se trouvaient en présence, les radicaux, qui ne voulaient d'aucune prime, petite ou grande, et les adeptes de l'École historique, qui réclamaient contre toute atteinte au système des primes : c'est en présence de ces deux opinions contraires et défendues toutes deux avec énergie et conviction, que se trouvait le ministère néerlandais, qui voulait modifier la législation antérieure et notamment les lois de 1818, qui régissaient la matière.

Ces lois, nous devons leur reconnaître au moins le mérite, si mérite il y a, d'entrer dans les moindres détails et de prévoir les moindres particularités ; tout était réglementé, l'espèce des bâtiments, leur équipage, la dimension des filets et même des mailles (1), la matière dont ils devaient être faits,

(1) Sous l'influence de l'ère de liberté inaugurée par la législation de 1851, les filets peuvent avoir aujourd'hui des dimensions de mailles qui peuvent varier au gré des pêcheurs ; mais bien loin que la latitude, qui leur est donnée, ait amené les Hollandais à diminuer cette dimension, on constate,

l'époque de la pêche, la manière de préparer le poisson, l'espèce et la quantité de sel à employer, le fût dans lequel l'empaquetage devait se faire, etc. Il est facile de concevoir les difficultés que, par suite de cette réglementation exagérée, les pêcheurs éprouvaient à utiliser les progrès que la construction des navires avait pu faire, et ceux que la mécanique avait apportés à l'art de fabriquer les filets : par cela même, ils ne pouvaient avoir les mêmes avantages que leurs concurrents de Norvége, d'Écosse et même de France, ce qui constituait pour eux une difficulté de plus en plus grande.

Les conclusions de la commission d'enquête, nommée par le Ministre, étaient que la législation devait être modifiée pour devenir plus simple, et même que le retour à une liberté complète de la pêche et du commerce du poisson était préférable. C'est ce système, soutenu avec énergie par M. Wisterhoff, qui l'a emporté, malgré les efforts de M. Wintgenz, qui, dans la discussion, traça un historique complet de la question et passa successivement en revue tous les arguments en faveur de la réglementation des pêches et du commerce du poisson. Nous ne pouvons, dans ce travail, donner tous les détails de cette argumentation, pleine de science et de talent, mais à laquelle d'ailleurs les faits eux-mêmes ont répondu victorieusement.

En effet, les faits, constatés depuis la modification dans la législation des pêches, ont confirmé, d'une manière éclatante, les espérances du ministère Thorbecke, et démontré les avantages de la liberté la plus absolue. Voyons en effet quels ont été les résultats obtenus.

Nous laisserons de côté la pêche du poisson frais et celle de la Morue, sur lesquelles la législation nouvelle ne peut, au moins actuellement, exercer une grande influence : en effet, la pêche de la Morue est singulièrement entravée dans son développement par le tarif élevé des droits à payer à l'impor-

au contraire, qu'ils ont spontanément élargi les mailles de leurs filets. Du reste, les commissions anglaises et belges concluent à ce qu'une liberté complète soit accordée aux pêcheurs relativement aux dimensions des mailles. (**Enquête belge, p. 40.**)

tation en Belgique, et surtout par l'établissement de droits prohibiteurs, qui ferment à ses produits les marchés français.

Mais si nous passons à l'influence de la nouvelle législation sur la pêche du Hareng, nous la voyons se montrer très-manifestement avantageuse.

Comme on le sait, et comme nous l'avons exposé au commencement de ce travail, la pêche du Hareng se pratique, en Hollande, de trois manières différentes :

1° Avec de grands bateaux à quille, qui sortent des ports de Vlaardingen, Maassluis, Amsterdam, Enkhuisen, etc., dont les armateurs avaient seuls, avant 1857, le droit de préparer les produits de la pêche et par suite de faire du *Hareng pec* (*Peke Haring*).

2° Avec les barques de Scheveningen, de Katwick, Nordwick et d'Egmond, qui prennent la mer en août et vont sur les côtes d'Angleterre chercher le Hareng qui sert à préparer le Hareng fumé (*bokking*).

3° La pêche dans le Zuyderzée.

Cette dernière n'a gagné, à la législation nouvelle, que le droit de caquer le Hareng.

Quant aux deux autres modes de pêche, examinons d'abord celle qui se fait sur la côte. S'il est juste de reconnaître que l'abondance des produits des dernières années a exercé une grande influence sur les résultats, il nous semble indubitable qu'une part essentielle de l'augmentation des produits tient aux progrès dans la fabrication des filets, dont la loi, qui décrétait la liberté, a permis aux pêcheurs de profiter : l'un de ces progrès est dû à l'introduction du métier dans la fabrication des filets, ce qui permet d'avoir des mailles de dimensions uniformes, et d'être assuré qu'une dimension de mailles choisie se répétera sur toute l'étendue du filet (égalité presque impossible à obtenir dans le laçage des filets à la main). Cette condition est des plus importantes pour la pêche ; en effet, si les mailles sont trop larges, le poisson peut passer au travers ; si elles sont trop étroites, le poisson recule et côtoie le filet, ou, s'il s'y engage, il y a beaucoup plus de difficultés à le démailler. Une autre amélioration, plus importante encore, consiste dans la substitution ou le mélange du coton, *plus léger*, au chanvre, pour fabriquer les filets. Observons toutefois que les premiers essais de filets de coton ne furent pas heureux, et l'on objectait que, si les filets de coton permettent d'avoir, pour un même poids, un nombre plus considérable de mailles et sont beaucoup plus *péchants*, par contre, les frais de réparation, après la campagne, emportaient la majeure partie, sinon la totalité des bénéfices. Il fallait donc renoncer à l'emploi de ces filets, ou remédier à cet inconvénient: on y est arrivé en imprégnant les filets de teinture de cachou d'abord, puis de coaltar, qui, convenablement appliqués au moyen de cinq à six trempages successifs, rendent les fils de coton aussi solides que le chanvre et leur assure un aussi long usage que peut le faire le meilleur filet de chanvre (1).

Comme on le voit, la liberté accordée aux pêcheurs hollandais a été profitable à leur industrie, exercée sur la côte; mais il nous reste à examiner quelle a été son influence sur la grande pêche.

(1) Les filets, traités par le système de M. Maas, de Scheveningen, ne sont pas soumis à l'ébullition, mais reçoivent la décoction de cachou bouillante, qu'un système de pompe reprend pour la reporter dans la chaudière, de telle sorte que le courant d'eau, établi ainsi d'une manière permanente, entretient une température (environ 60 à 70 degrés) toujours égale dans la cuve qui contient le filet et que celui-ci a tous les avantages du tannage sans avoir les inconvénients de l'ébullition, telle qu'elle est pratiquée en France. Le trempage dans la décoction de cachou est répété plusieurs fois, pour assurer une entière imprégnation des filets. Ceux-ci exposés à une dessiccation modérée, par leur étendage à l'ombre, sont ensuite plongés dans le coaltar chaud, puis passés entre deux cylindres pour les dégager du superflu de matière qui les rendrait trop roides : la température du bain de goudron doit être maintenue vers 40 degrés centigrades; les filets doivent conserver encore une certaine quantité d'humidité, au moment du goudronnage, ce qui les rend plus souples à l'usage; du reste, le manque de malléabilité, qu'on pourrait reprocher aux filets, au moment où ils viennent d'être préparés, disparaît après que ceux-ci ont été mis à l'eau.

Nous avons vu à l'Exposition des filets de coton présentés par M. Maas, et qui avaient résisté à cinq ou six campagnes de pêche; ils avaient donc fait un service plus long même que celui qu'on attend des filets de chanvre, et démontraient victorieusement la supériorité des filets de coton sur ceux de chanvre.

Au moment de la promulgation de la législation de 1857, on pouvait, non sans raison, craindre que la grande pêche cessât bientôt d'exister en Hollande ; le sacrifice en était fait. On préférait renoncer à cette industrie plutôt que de continuer de la soutenir au moyen de sacrifices énormes qu'elle occasionnait. Toutefois, les craintes qu'on pouvait concevoir ne se sont pas réalisées. En effet, le nouveau traité avec la Belgique a exercé une influence amélioratrice ; mais c'est surtout à l'emploi des filets de coton pour la grande pêche et à la transformation de bateaux qu'on doit ce résultat. En substituant à l'ancien bateau hollandais un nouveau type, qu'il a fait construire à Boulogne-sur-Mer, M. Maas, de Scheveningen, a pu, tout en obtenant des produits plus considérables, réaliser des économies notables, source de bénéfices sérieux pour la Compagnie *Toekomst* (*Avenir*) qu'il dirige, et donner à la Hollande les moyens de reconquérir une partie de la prospérité qu'elle avait perdue depuis si longtemps. Si, du reste, le bateau type de cette Société a été construit à Boulogne, les autres bâtiments de la *Toekomst* ont été faits sur les chantiers de Vlaardingen et y ont reçu même de nouveaux perfectionnements. Ce n'est pas sans lutte que M. Maas est parvenu au but qu'il s'était proposé, et nous avons trouvé encore cette année (1869), dans les journaux hollandais, une polémique ardente engagée entre ses détracteurs et ses partisans. Toutefois, il résulte d'une série d'articles publiés à la fin de juillet, dans le *Vaterland*, et des comptes rendus des opérations de la *Toekomst*, que les attaques dirigées contre M. Maas ont été réduites à néant et que le système de progrès et de la liberté doit prévaloir. La comparaison des frais nécessités par le nouveau système avec l'ancien donne le résultat suivant : le capital risqué pour un produit identique serait de 32 000 florins (un peu plus de 74 000 fr.) pour les moyens dont dispose le *Toekomst* ; il serait de 66 000 fl. (un peu plus de 132 000 fr.) par les anciens moyens de pêche. La différence, comme on voit, et nous sommes plutôt en dessus qu'en dessous de la vérité, est toute à l'avantage du système inauguré par M. Maas.

Aujourd'hui la pêche hollandaise a triomphé des difficultés

d'une rénovation qui changeait entièrement sa pratique, et bien qu'elle ait à lutter encore contre l'importation en franchise des produits étrangers, elle a recommencé sa marche progressive et recommence à pouvoir occuper une place importante sur les marchés où elle présente ses produits (1) ; et l'ancien *système* est aujourd'hui tellement considéré comme préjudiciable aux intérêts des pêcheurs, que ceux-ci ne voudraient plus y revenir, car il ne pourrait leur assurer les avantages qu'ils retirent de la liberté (2).

Au moment de terminer ce travail, nous recevons de MM. K. W. Van Gorkom, fonctionnaire chargé de la culture des *Cinchona* à Bandaeng (Java), les renseignements suivants, que nous sommes heureux de faire connaître, car ils prouvent que l'art d'élever des poissons est usité avec succès, même parmi les peuples les moins avancés en civilisation.

La pêche est de la plus haute importance dans la colonie hollandaise de Java, qui présente partout une grande abondance de poissons de mer et de rivière.

Le long des côtes de Java, et surtout dans les provinces

(1) Il existe encore, en Hollande, un collége des pêches pour la grande pêche, dont l'existence paraît remonter à une époque très-reculée, car on en retrouve la mention dans une ordonnance du prince Wilhem Ier, à la date du 27 avril 1582.

Il a existé autrefois deux autres colléges des pêches, l'un pour la pêche d'Irlande, l'autre pour la pêche côtière, mais ils ont disparu.

(2) C'est un fait remarquable que la pêche du Hareng et la pêche du poisson frais, qui toutes deux étaient naguère subsidiées par la caisse de l'État, ont fait des progrès, lents encore pour la première, mais notables pour la seconde. Nous considérons ce fait comme important, parce qu'il semble prouver qu'après la suppression de la prime les armateurs, entièrement abandonnés à leurs propres forces, ont envisagé l'avenir avec confiance. S'il fallait un autre exemple pour mettre en lumière cette vérité consolante, nous ajouterions qu'au début de cette année, à une vente très-considérable de chaloupes de pêche, à la suite de la dissolution de la *Société de pêche de Katwyk*, non-seulement toutes les embarcations ont trouvé acheteur, mais même qu'elles ont atteint des prix dépassant toutes les prévisions (*Rapport de la Commission des pêcheries néerlandaises*, 18 mai 1858).

orientales de Japara, Bembang et Saccabaya, les naturels font beaucoup de pisciculture au moyen de viviers artificiels (*tambak*), qui sont la source de la richesse des indigènes, en leur assurant des gains considérables. Ces *tambak* offrent d'autant plus d'intérêt qu'ils occupent les terrains salés qu'il serait difficile d'employer pour l'agriculture. On s'y livre surtout à la production du *Ikan-Bandeng* (Clupée, du genre *Lutooleira*) (1), pendant la saison des pluies qui dure d'octobre à avril. Les *tambak* ont l'apparence de rizières et s'en distinguent seulement à ce qu'ils sont séparés par des levées de terre (*Galegan*) plus élevées : leurs compartiments, qui peuvent être à volonté mis en communication les uns avec les autres, reçoivent par de petits canaux l'eau de mer, qui peut entrer à marée montante et qu'on arrête à volonté au moyen de talus de sable argileux. On peuple les *tambak* au moyen de jeunes poissons, de la grosseur d'une épingle, qu'on pêche dans la mer voisine et surtout le long de la côte de l'île Madura ; le développement s'en effectue très-vite : en six à sept mois, les poissons atteignent une longueur de 2 décimètres à 2 décimètres et demi sur une largeur de 7 à 8 centimètres.

Les *Ikan-Bandeng* se nourrissent de cryptogames (*Salvinia? Pistia?*) qui se développent spontanément dans les réservoirs, et aussi, dit-on, des déjections des oiseaux de mer.

Ce ne sont donc que des réservoirs, analogues à ceux dont on fait usage dans plusieurs pays, à Arcachon, par exemple, et dans lesquels on nourrit les poissons encore jeunes, pêchés en temps opportun à la mer. Ces réservoirs, qui, dit-on, donnent un produit quatre fois plus important que les rizières, sont frappés d'un impôt qui rapporte annuellement 22 000 florins environ.

A Java, douze mille vingt-quatre familles, réparties dans sept provinces, sont inscrites au livre de l'impôt comme s'occupant de la culture de l'*Ikan-Bandeng*. Il existe neuf mille

---

(1) Le *Bandeng*, ouvert le long du ventre, pour extraire les entrailles, est ensuite salé ; on le dessèche et le fume au moyen d'un feu de Canne (*Saccharum officinarum*) : il se conserve ainsi pendant longtemps et est un aliment très-recherché.

sept cent trente-neuf *tambak,* qui occupent une superficie de quarante-six mille cent trente-neuf *bahoe :* le *bahoe* égale 7090,8 mètres carrés.

Dans quelques provinces, telles que celle de Soubaya, on peuple les *tambak* deux fois par an : avril-juin et octobre-décembre.

On recommande l'établissement des *tambak* sur les côtes marécageuses, comme une bonne mesure d'hygiène. De plus, les arbustes (*Bruguera cylindrica, Avicennia officinalis,* etc.) qu'on plante le long des levées, ainsi que sur les îlots, au milieu des viviers, fournissent un bon combustible aux indigènes.

La pêche proprement dite occupe des milliers d'indigènes ; les pêcheurs de profession sont soumis à un impôt qui varie de 1 à 500 florins ; ils font usage d'instruments très-primitifs. Ils recherchent surtout les *Kakap* (*Cates nobilis*), que les Européens apprécient autant que les indigènes estiment les Ophicéphales.

La culture des poissons d'eau douce, qui se pratique dans toutes les régions de l'Archipel, se pratique sur plusieurs espèces, et surtout sur le *Goerami* (*Osphromenus Olfax*), l'*Ikan-mas* (*Cyprinus floripinnis*) et le *Tombra* (*Barbus Tombra*).

Le *Goerami* (1) est un des poissons les plus estimés des

(1) Le Gourami n'est pas originaire de Java ; il y a été introduit à une époque très-reculée, dont la date n'est pas connue. — D'où vient-il ? personne ne peut le dire. — Il est maintenant parfaitement acclimaté et se reproduit dans plusieurs parties de la colonie, surtout dans les Preanger et les autres localités plus froides que Poerivorojo, — 80 pieds (31 centim.) au-dessus du niveau de la mer. — Il vit difficilement à une altitude de 2800 pieds, par exemple à Dieng, et meurt promptement lorsque cette hauteur est dépassée.

Les étangs dans lesquels le Gourami est élevé, à Java, n'ont pas plus de trois pieds de profondeur. On en enlève généralement la boue, quoique quelques personnes prétendent que ce poisson engraisse plus vite dans une eau un peu bourbeuse.

Il fraie en mars. Quelquefois il dépose ses œufs sur des plantes aquatiques telles que les *Pistia stratiotes*, dont l'ombrage leur plaît infiniment, suivant M. Boseman. — Le plus souvent il se construit un nid au moyen d'un tissu à mailles peu serrées, fabriqué avec les fibres d'un Cocotier (*Arenga saccha-*

Européens et des Chinois ; ceux-ci (1), ainsi que l'aristocratie indigène, les nourrissent dans des réservoirs spéciaux. Ce poisson se multiplie difficilement et exige beaucoup de soins : il grandit lentement : à l'âge de deux à trois ans, il atteint une longueur de 0^m,5 et une largeur de 0^m,24. On le nourrit avec des herbes, des tourteaux (de graines huileuses), du riz, des

rifera), et que l'on tient attaché à un bâton à 15 centimètres environ au-dessous de la surface de l'eau. A l'époque du frai, lorsque les poissons sortent hors de l'eau, c'est un signe certain que deux ou trois jours après le nid contiendra des œufs. — On change alors le nid et l'on met les œufs dans un grand vase en terre rempli à moitié d'eau de puits très-claire. — L'éclosion ne tardera pas à avoir lieu. – Beaucoup d'éleveurs préfèrent au vase en terre un bassin de 5 à 6 pieds de diamètre, profond de 1 pied et demi, dans lequel l'éclosion est plus prompte et où la mortalité parmi les alevins est moins considérable.

La nourriture des alevins consiste en *dedak* (son) qu'on leur distribue tous les deux ou trois jours, jusqu'à ce qu'ils aient atteint la longueur du petit doigt et qu'on puisse les transporter dans les étangs.

Lorsqu'ils sont adultes, on leur donne chaque jour pour aliments des *tempee boengsel* ou espèces de gâteaux faits avec des *Katjang tjina* et *Katjang tanah* (*Phaseolus luneatus*, L. et Var., *Vignia sinensis*, *sazi* et *Arachis hypogea*, *Arachis prostrata*), dont on a extrait l'huile par la pression. Ces gâteaux sont conservés une quinzaine de jours avant d'être livrés aux poissons. Le Gourami ne fraie pas avant sa troisième année. Il atteint rapidement de très-grandes dimensions. Lorsqu'il n'a pas dépassé la longueur du petit doigt, il est facile de le transporter d'un endroit à un autre. On se sert pour cela d'un pot en terre, ou, ce qui est préférable, d'un vase fabriqué avec de l'écorce de bananier dont on a enlevé les feuilles. Il est important que ce vase contienne très-peu d'eau, afin d'empêcher le poisson de sauter, ce qui le fatigue et souvent cause sa mort. Lorsque les sujets sont plus gros, il est nécessaire de les séparer en ayant soin de ne laisser que juste assez d'eau pour couvrir leur corps. Ils doivent rester couchés sur le côté, sans pouvoir nager. Deux fois par jour il faut rafraîchir l'eau avec quelques gouttes de jus de citron. Si la distance à parcourir est d'au moins quatre ou cinq jours, il faut changer l'eau journellement. Dans le cas où le voyage devrait durer un ou deux mois, il faut que les poissons aient au moins un ou deux pouces de longueur. Les chances de mortalité seront très-réduites, quels que soient les mouvements auxquels ils seront exposés, si l'on a soin de rafraîchir souvent l'eau avec du jus de citron. Il n'y a à Java qu'une seule espèce connue de Gourami.

(Note fournie par M. Dabry.)

(1) M. Van Gorkom veut probablement parler des Chinois établis à Java, car il résulte des observations de notre confrère, M. Dabry, que le Gourami, contrairement à ce qu'avait annoncé Commerson, ne se trouve pas en Chine.

insectes, etc. Il préfère l'eau claire avec un fond de sable et de pierres; on dit qu'il se bâtit des nids (1).

L'*Ikan mas* (*Cyprinus floripinnis*), moins délicat et d'un prix moins élevé que le *Goerami*, est cependant très-recherché des indigènes; on se livre surtout à sa culture dans la vaste province de Preanger Regentschappen, à une altitude qui peut être de 1600 mètres au-dessus du niveau de la mer. On prépare des réservoirs *sitoes* ou *bendoengan* (2) en arrêtant le cours de l'eau des ruisseaux ou des petites rivières au moyen de talus, faits avec le sable que l'eau elle-même entraîne dans son cours (3) ; dans les régions moins élevées, où il existe des rizières, pendant le temps que l'on ne cultive pas le riz, on consacre quelques rizières (4) à l'éducation du poisson et surtout de l'*Ikan-mas*; les naturels, qui s'occupent de cette industrie, ont près de leurs maisons, dans les *Kampong* (villages indigènes), des réservoirs, sortes de pépinières, où ils font l'alevinage. Ils vendent leurs petits poissons pour garnir les *Sitoes* et les colportent assez loin, dans toutes les direc-

(1) La Société impériale d'acclimatation a reçu plusieurs fois de ces nids, qui lui avaient été adressés par notre confrère, M. Manès, de la Réunion.

(2) Les *bendoengan* diffèrent des *sitoes*, par leur étendue moins considérable.

(3) On a soin de planter des végétaux le long des *sitoe* et *bendoengan*, et l'on établit, au milieu de ces viviers artificiels, des amas de pierres pour fournir une retraite aux poissons.

(4) Après la récolte du Riz, on rehausse de 3 à 5 décimètres les levées (*galengan*) des rizières, puis on les remplit d'eau, on les peuple d'alevins et trois à quatre mois plus tard, les poissons sont assez développés pour que leur valeur couvre environ quinze fois les frais de production. On prétend, et cette idée est aussi répandue en Chine, que l'accroissement du poisson est moins rapide si l'eau a une profondeur de plus de 4 à 5 décimètres : l'eau doit rester fraîche et courante. On a cherché à consacrer à cette pisciculture quelques rizières (*sawah*), mais on diminue ainsi leur fertilité; aussi ne faut-il pas affecter chaque année les mêmes rizières à la production du poisson. Il est cependant difficile de prouver que la pisciculture stérilise les rizières, quand l'eau a été maintenue bien courante, et pour s'en assurer, M. Van Gorkom a institué des expériences dont il a rendu compte dans une note imprimée en 1867, à Bandaeng, *De Vischteelt op Sawah's in de Preanger-Regentschappen*, et il en conclut que l'usage de transformer les rizières en viviers, une fois la récolte faite, n'a jamais aucune action fâcheuse sur les champs

tions; ils les conservent, pendant plusieurs jours, sans prendre d'autre soin que de rafraîchir, chaque jour, l'eau des vases qui contiennent leurs alevins. Pour le transport, ils font usage de paniers imperméables plats et faits de bambou et revêtus à l'intérieur de feuilles de *pisang* (*Musa paradisiaca*). Bien qu'on cultive plusieurs espèces de poissons dans les mêmes rivières, on a soin de ne pas réunir dans un même vivier ou rizière des espèces qui se font la guerre. C'est ainsi qu'on évite d'y introduire avec les *Cyprins* les *Gaboc* (*Ophicephalus striatus* et *marginatus*), qui sont très-voraces (1).

en jachère, quand on maintient un courant constant d'eau fraîche, ce qui, du reste, est nécessaire pour le succès de la pisciculture : il y aurait donc avantage à ce que le gouvernement n'intervînt point dans les procédés, mis en usage par les habitants du district de Preang.

(1) Les Ophicéphales, dont la chair est très-recherchée des indigènes, se développent très-rapidement dans les réservoirs.